# DÉGUSTEZ, GOURMANDES !

# DU MÊME AUTEUR

## Dans la même collection :

*Laissez tomber la fille.*
*Les souris ont la peau tendre.*
*Mes hommages à la donzelle.*
*Du plomb dans les tripes.*
*Des dragées sans baptême.*
*Des clientes pour la morgue.*
*Descendez-le à la prochaine.*
*Passez-moi la Joconde.*
*Sérénade pour une souris défunte.*
*Rue des Macchabées.*
*Bas les pattes.*
*Deuil express.*
*J'ai bien l'honneur de vous buter.*
*C'est mort et ça ne sait pas.*
*Messieurs les hommes.*
*Du mouron à se faire.*
*Le fil à couper le beurre.*
*Fais gaffe à tes os.*
*A tue... et à toi.*
*Ça tourne au vinaigre.*
*Les doigts dans le nez.*
*Au suivant de ces messieurs.*
*Des gueules d'enterrement.*
*Les anges se font plumer.*
*La tombola des voyous.*
*J'ai peur des mouches.*
*Le secret de Polichinelle.*
*Du poulet au menu.*
*Tu vas trinquer, San-Antonio.*
*En long, en large et en travers.*
*La vérité en salade.*
*Prenez-en de la graine.*
*On t'enverra du monde.*
*San-Antonio met le paquet.*
*Entre la vie et la morgue.*
*Tout le plaisir est pour moi.*
*Du sirop pour les guêpes.*
*Du brut pour les brutes.*
*J'suis comme ça.*
*San-Antonio renvoie la balle.*
*Berceuse pour Bérurier.*
*Ne mangez pas la consigne.*
*La fin des haricots.*
*Y a bon, San-Antonio.*
*De « A » jusqu'à « Z ».*
*San-Antonio chez les Mac.*
*Fleur de nave vinaigrette.*
*Ménage tes méninges.*
*Le loup habillé en grand-mère.*
*San-Antonio chez les « gones ».*
*San-Antonio polka.*
*En peignant la girafe.*
*Le coup du père François.*
*Le gala des emplumés.*
*Votez Bérurier.*
*Bérurier au sérail.*
*La rate au court-bouillon.*
*Vas-y Béru !*
*Tango chinetoque.*
*Salut, mon pope !*
*Mange et tais-toi.*
*Faut être logique.*
*Y a de l'action !*
*Béru contre San-Antonio.*
*L'archipel des Malotrus.*
*Zéro pour la question.*
*Bravo, docteur Béru.*
*Viva Bertaga.*
*Un éléphant, ça trompe.*
*Faut-il vous l'envelopper ?*
*En avant la moujik.*
*Ma langue au Chah.*
*Ça mange pas de pain.*
*N'en jetez plus !*

*Moi, vous me connaissez ?*
*Emballage cadeau.*
*Appelez-moi, chérie.*
*T'es beau, tu sais !*
*Ça ne s'invente pas !*
*J'ai essayé : on peut !*
*Un os dans la noce.*
*Les prédictions de Nostrabérus.*
*Mets ton doigt où j'ai mon doigt.*
*Si, signore.*
*Maman, les petits bateaux.*
*La vie privée de Walter Klozett.*
*Dis bonjour à la dame.*
*Certaines l'aiment chauve.*
*Concerto pour porte-jarretelles.*
*Sucette boulevard.*
*Remets ton slip, gondolier.*
*Chérie, passe-moi tes microbes !*
*Une banane dans l'oreille.*
*Hue, dada !*
*Vol au-dessus d'un lit de cocu.*
*Si ma tante en avait.*
*Fais-moi des choses.*
*Viens avec ton cierge.*
*Mon culte sur la commode.*
*Tire-m'en deux, c'est pour offrir.*
*A prendre ou à lécher.*
*Baise-ball à La Baule.*
*Meurs pas, on a du monde.*
*Tarte à la crème story.*
*On liquide et on s'en va.*
*Champagne pour tout le monde !*
*Réglez-lui son compte !*
*La pute enchantée.*
*Bouge ton pied que je voie la mer.*
*L'année de la moule.*
*Du bois dont on fait les pipes.*
*Va donc m'attendre chez Plumeau.*
*Morpions Circus.*
*Remouille-moi la compresse.*
*Si maman me voyait !*
*Des gonzesses comme s'il en pleuvait.*
*Les deux oreilles et la queue.*
*Pleins feux sur le tutu.*
*Laissez pousser les asperges.*
*Poison d'Avril, ou la vie sexuelle de Lili Pute.*
*Bacchanale chez la mère Tatzi.*

Hors série :

*L'Histoire de France.*
*Le standinge.*
*Béru et ces dames.*
*Les vacances de Bérurier.*
*Béru-Béru.*
*La sexualité.*
*Les Con.*
*Les mots en épingle de San-Antonio.*
*Si « Queue-d'âne » m'était conté.*
*Les confessions de l'Ange noir.*
*Y a-t-il un Français dans la salle ?*
*Les clés du pouvoir sont dans la boîte à gants.*
*Les aventures galantes de Bérurier.*
*Faut-il tuer les petits garçons qui ont les mains sur les hanches ?*

Œuvres complètes :

*Vingt et un tomes déjà parus.*
*Si maman me voyait !*

SAN-ANTONIO

# DÉGUSTEZ, GOURMANDES !

ROMAN

ÉDITIONS FLEUVE NOIR
6, rue Garancière - PARIS VI$^{e}$

ISBN 2-265-03080-5

*A mon ami Pierre Sciclounoff dont le palais est peut-être encore plus noble que celui où il plaide.*

San-Antonio

Si ton ennemi te sodomise, surtout ne bouge pas : tu risquerais de le faire jouir.

*(Proverbe grec)*

# LE PARCOURS DU COMBATTANT

# FAIS-MOI LE CADAVRE

Je me souviens de quelque chose qui brillait dans la pénombre. J'avais la joue sur le plancher rugueux. Il y avait un gros nœud dans le bois d'une latte qui me meurtrissait la joue. La chose qui brillait, c'était un soulier verni. Une cheville en sortait ; elle disparaissait dans une jambe de pantalon noir à bande de soie. Ma cervelle s'était mise à peser deux cent cinquante kilos et je savais parfaitement que je ne pourrais jamais plus me remettre debout.

Ce qui m'intriguait, c'était ce pied unique. J'avais beau être chlass à outrance, je me rappelais que, dans la plupart des cas, les pieds vont par deux, comme les oreilles, les couilles et les gardiens de la paix.

Bon, merde, il manquait un panard. Ou alors j'étais à ce point débranché que je ne pouvais plus en regarder deux à la fois ! Franchement, ça ne tournait pas rond. A défaut de pouvoir soulever ma tronche, je tentai de faire pivoter mes yeux dans leurs orbites. Un certain contentement me vint lorsque j'aperçus le second soulier verni perché sur le barreau d'une chaise, comme un corbeau sur une branche. O.K., tout restait harmonieux en ce monde ; sauf mon estomac et, sans préalable, je me mis à dégueuler.

Ça ne m'était pas arrivé depuis des chiées d'années. J'aurais eu honte, peut-être bien, si cela ne m'avait soulagé. Je restituai un fameux cocktail : bile et bourbon. Y a mieux. Le mélange s'opérait dans la proportion deux tiers un tiers. M'aurait fallu trois foies et six reins pour venir à bout de tout ça ! La nappe brune s'étalait sur le méchant plancher en direction du soulier verni. Ça faisait vachement marée montante.

Quand elle ne fut plus qu'à quelques centimètres de la godasse, le second soulier abandonna son barreau pour revenir près du premier ; puis, soudain, là-haut, une tronche s'inscrivit au-dessus de la table. J'aperçus une grande gueule allongée, un peu empâtée du menton, avec des favoris grisonnants et des yeux clairs proéminents. Bien que « mes esprits » fussent partis en vacances, je crus y voir étinceler du mépris. Les yeux me lâchèrent pour apprécier le développement de mon dégueulis ; les deux souliers se retirèrent presto de mon champ visuel, puis la tronche aux favoris frisés.

Je me retrouvai seul avec tout ce bazar immonde qui n'en finissait pas de sortir de moi comme l'eau de la zézette du manekenpis. Ça me rappela mes indigestions de môme, jadis, quand Félicie me tenait la tête au-dessus des gogues. Je gerbais beaucoup en étant gosse. Un gâteau de trop et je partais au refile. M'man m'entiflait des tas de remèdes dégueulasses, mais rien n'y faisait. Les choses ne devaient rentrer dans l'ordre que plus tard lorsque je me mis à biberonner comme tout le monde. J'avais baisé mon foie en le traitant par le mépris.

Et voilà que ça me reprenait plus fort que jadis ! En pleine souillance, l'artiste ! Un San-Tonio comme moi, tripes et boyaux ; pouah ! Mais faut bien qu'on naufrage dans les abjections, temps à autre, si on veut rester simple, non ? Napoléon, quand il allait chier, il devait bien se dire ça, hein ? Coliques napoléoniennes ! Constipation Premier Empire ! Petites misères ! Et quand il découillait de même, le Corsico. Foutre bonapartien ou pas, ça demeure glandulaire. Les grands de ce monde s'accroupissent sur des cuvettes émaillées. La fosse septique prépare à la fosse commune. Grand, pas grand de ce monde, chaque génie a sa prostate.

Ça me tourbillonnait l'esprit, ces réflexions compensatoires. J'efforçais d'accepter ma déchéance. Mais j'étais paniqué par l'absence des deux souliers vernis. Un pied se place devant son coéquipier, lequel veut le dépasser. L'opération se répète et c'est ainsi que les gens s'enfuient de vous. Ils se courent après ailleurs, vous laissant seul, les salauds ! Mais notre solitude est la leur. Originelle ! Personne ne fuit ; tout le monde piétine.

Quand j'ai eu vomi les deux bouteilles de bourbon ingurgitées au cours de la soirée, j'ai su ce que c'était réellement que le sentiment du devoir accompli. Mon estomac était devenu léger comme ces plumes qui se baladent au gré du vent ; par contre ma tête continuait de peser son quart de tonne.

Fallait dormir. Une cuite de cette ampleur, seul le temps pouvait la guérir. Mais ce putain de temps, on en est tellement avare qu'on cherche toutes les combines pour essayer de le contourner. N'empêche que j'ai basculé dans le schwartz. Je n'avais plus de tourments d'horaires, je m'étais placé en deçà de ces préoccupations-là. Ma viande bannissait tout ce qui était esprit, notions, soucis. Je l'avais trop malmenée à coups de Four Roses. Elle exigeait des dommages et intérêts, cette salope. *Too much,* c'est *too much,* quoi ! J'ai dit *bye-bye* à la réalité. Après tout, la vie, hein, c'est juste une idée reçue ! Je la rendais après tous ces décilitres de bourbon.

Et alors, je voudrais profiter de ce *no man's land* mental pour t'affranchir, lecteur très illustre, scrofuleux, gâteux, beaucoup sodomisé, torve esprit aux purulences endémiques, médiocre à temps complet, fissuré de partout, con, fils de con, père de con, époux de pute, engeance, navrance, désespérance, nuit profonde ; t'expliquer, mon indispensable ami, dont l'unique qualité reconnue est de me lire ; te narrer comment et pourquoi je me trouve ici. Oui, le moment est opportun, judicieux même, pour te résumer ce qui vient de m'arriver et qui m'arrive encore.

Dans le très remarquable ouvrage qui précède celui-ci et qui lui est inférieur, j'en conviens, ouvrage intitulé *Bacchanale chez la Mère Tatzi,* je t'ai informé que le président de la République, dans sa sagesse profonde (dommage qu'il soit glabre, une barbe de patriarche affirmerait sa connaissance inspirée de toute chose) avait promu mon camarade Alexandre-Benoît Bérurier ministre de l'Intérieur. Beaucoup furent surpris, certains même indignés. D'aucuns en rirent et je fus de ceux-là. Toujours est-il que la chose eut lieu et que la France entière, plus le monde entier, durent la constater.

La première mesure que prit le nouveau ministre, et je l'en félicite, fut de rétablir dans ses fonctions Achille, notre ancien *big boss,* celui que j'ai surnommé « le Vieux » et dont le limogeage, à l'avènement du nouveau régime, nous plongea dans l'affliction. Le rôle de tout nouveau régime consiste à ébranler l'édifice construit par l'ancien ; quitte à le rebâtir par la suite s'il fait par trop défaut. Or, le Vieux faisait défaut. Cruellement. Son autorité, son panache, son sens du devoir et de la France, son métier incomparable faisaient de cet homme quelqu'un de difficilement remplaçable.

Que Son Excellence le ramenât à son poste, rassura la Police tout entière, n'importe sa coloration politique.

Un homme nécessaire n'a pas de parti, mais des parties. Grosses commak !

Je passe...

Donc, Béruricr ministre, Achille à nouveau *big chief,* et moi, l'Antonio, assis à la droite du Dieu retrouvé.

Ça baignait.

Et puis, un soir que je me rappellerai toute ma vie et bien au-delà, alors que j'achevais de me gominer la crinière pour aller verger une pécore au cul attrayant, mon bigophone se mit à gazouiller. C'était Achille.

— Dieu soit loué ! s'exclama-t-il en reconnaissant mon mâle organe dans un simple « Allô », je vous ai !

— Pas pour longtemps, prévins-je, car je suis attendu et en retard.

— Attendu par qui ?

— Rendez-vous d'ordre privé, monsieur le directeur.

— Une paire de fesses peut patienter, San-Antonio ; plus elle est rassise, plus elle est experte.

Il parlait d'expérience ; le Vieux raffolait de la baise et ce qu'il ignorait sur la question aurait pu s'écrire au pinceau au dos d'un timbre-poste. Il s'empressa d'enchaîner :

— Nous sommes conviés à dîner par le président, donc il n'est pas question de refuser bien que la perspective de rompre le pain et le sel avec un homme de gauche ne figure pas sur la liste des souhaits que je formulerais à la fée Marjolaine si d'aventure elle me la demandait. Ce personnage éminent nous rejoindra à vingt et une heures dans un salon privé de chez *Lasserre;* alors à tout à l'heure.

Il raccrochit.

J'eus le temps de passer chez la demoiselle dont je convoitais les charmes. Elle avait déjà pris un bain de siège et s'était parfumé la chatte avec la fameuse lotion « Crevette Rose » de Lancôme. Je lui expliquis ce qui se passait et repoussis notre rendez-vous de trois heures, me doutant bien que les agapes présidentielles ne sauraient s'éterniser. Je lui fis minette en catastrophe, en signe d'allégeance, car il faut toujours verser des arrhes dans ces cas précis ; elle en conçut une certaine reconnaissance et décida qu'elle irait au cinéma pour tromper l'attente.

La nôtre, à Achille et à moi, se prolongea quelque peu dans le délicat salon du bon *Lasserre.* Mais le président fut en avance à son rendez-vous puisqu'il n'eut qu'une heure trente de retard, ce qui est rarissime de sa part. Nous bûmes du très bon champagne à l'attendant.

Quand il arriva, il n'était pas seul. Outre ses gorilles, un curieux personnage l'accompagnait. Un homme gros et blême, avec un nez large comme une poignée de main, des cheveux blonds et rares qu'il semblait avoir mis à sécher sur son crâne plat, comme des nouilles fraîches sur une planche à découper. Il portait des lunettes rondes cerclées d'or, aux verres très épais qui rendaient son regard improbable. Quand il se mit à parler je constatai qu'il se trimbalait un drôle d'accent : un peu américain, légèrement yiddish et passablement levantin. Ce gazier pouvait être aussi bien de Memphis que de Budapest, de Tel-Aviv que de la Corrèze.

Le président, lui, était encore plus grave que lorsqu'il se regarde dans une glace; c'est-à-dire funèbre. On eût dit qu'il venait d'apprendre qu'une fusée russe était en route pour le Kremlin-Bicêtre et qu'il n'y avait rien à fiche pour l'intercepter. Son visage me parut étroit et sa bouche faisait la violette. Ses yeux ressemblaient à deux rosettes de la Légion d'honneur car l'Illustre souffrait de conjonctivite consécutivement à ses voyages engendreurs de chaud et froid.

Il nous tendit sa main compassée, la reprit pour étudier le menu, se prononça pour une truffe fraîche et un tournedos, ensuite de quoi il repoussa son couvert de dix centimètres pour pouvoir déposer ses coudes sur la table et mettre ses mains croisées en arceau sous son menton d'empereur au rabais.

Il y eut un silence. Il attendit avec ostentation que les serveurs fussent sortis. Après quoi, il nous demanda au Vieux et à moi, de cette voix tellement imitable que les chansonniers de tous bords en ont pris pour sept ans :

— Avez-vous entendu parler du *big between?*

Tout ce que profère cet homme exceptionnel révèle un mordant que le limage de ses dents n'a pu atténuer. Il persifle sans le vouloir, méprise d'instinct et prévient d'entrée de jeu qu'il est seul habilité pour répondre aux questions qu'il pose.

Je secouas négativement la tête. Achille, plus nuancé, fronça les sourcils comme un « à qui ça dit quelque chose ». Le président savoura notre silence à la petite cuiller car il établissait formellement sa supériorité. A son côté, le personnage au nez en forme de poignée de main restait marmoréen. Je me dis que le président avait délibérément omis de nous dire son nom. Il nous avait présentés à lui, sans faire jouer la réciprocité.

— Vous ne pouvez pas connaître, fit-il de sa voix mutine, réservée à ses jubilations ; c'est top secret.

Pendant qu'il mouillait, je cherchai à définir la signification de *big between.* Cela voulait dire, littéralement traduit : « le gros entre ». Américanisme, sans doute ?

Pourquoi diantre « le gros entre » ?

Avec sa magnanimité proverbiale, le président enchaîna :

— Le Big Between, que les Anglo-Saxons appellent le B.B. et nous autres, Français polissons, « la grosse bitoune », bitoune ayant un peu la consonance de *between,* vous l'aurez déjà remarqué in petto ; le Big Between, dis-je, monsieur, ici présent, va vous expliquer ce qu'il est.

Comme le sommelier livrait le Château Haut-Brion 1967, nous nous tûmes. Le breuvage méritait de toute façon une minute de silence. Le président goûta le vin, papillonna des paupières en signe d'approbation, puis porta un rapide toast muet auquel nous nous joignîmes.

Dès lors, l'homme aux lunettes cerclées d'or prit la parole.

— Le B.B., dit-il n'est ni un service secret, ni un bureau spécial, mais un homme. Si vous croyez quelque part aux supermen, c'en est un. Il n'a pas un nom, il en a mille. Il n'a pas un domicile, il est de partout. Il peut tout, il réussit tout. C'est à lui que les gouvernements occidentaux font appel lorsqu'ils se trouvent dans l'impasse. Il dispose de moyens d'action prodigieux. Il ne demande jamais d'argent pour prix de ses services, mais des « accommodements ». On lui confie une mission, il l'accomplit, la réussit et ne se manifeste que longtemps après, pour réclamer soit un poste élevé pour quelqu'un, soit un accord pour un marché, soit le plan d'une invention nouvelle. Quand on les lui refuse, on est rayé de la liste de ses clients à tout jamais. On l'a baptisé le *big between* parce qu'il est grand ct parcc qu'il s'intercale entre les forces traditionnelles telles que la C.I.A. ou le F.B.I. aux U.S.A., l'I.S. en Angleterre, le S.R. chez vous. Un point capital : le *big between* appartient exclusivement au monde occidental ; la seule chose qu'on sache à son sujet, c'est qu'il est l'ennemi juré du marxisme. Au début, on a cru que cela « cachait quelque chose », que c'était une ruse. L'expérience a prouvé que non. Le maître du B.B. joue franc-jeu. La façon dont il fonctionne ? Mystère. Il a des collaborateurs innombrables, des ressources inépuisables, des méthodes qui n'appartiennent qu'à lui.

Notre terlocuteur retira ses besicles et ses yeux privés de verres devinrent soudain pareils à deux trous du cul. Il fourbit ses carreaux avec sa pochette de soie blanche.

— Je pense vous avoir brossé un résumé concis du B.B., fit-il, modeste.

Il remit ses hublots de bathyscaphe en place. Son regard redevint ce qu'il était initialement, c'est-à-dire deux poissons de couleur dans un aquarium dont on n'a pas changé l'eau depuis quinze jours.

Pendant qu'il rhabillait son visage de merde, je phosphorais à plein tube, me demandant pourquoi diantre, le président de la République en personne venait patronner un mec de ce style pour nous raconter une histoire dont le Fleuve Noir n'aurait pas donné trois francs à un romancier affamé. Son superman à la couille d'alligator, il pouvait en tartiner ses toasts pour son breakfast! Des vannes aussi gonflants me filaient de l'aérophagie. Ça allait déboucher sur quoi, ce cinoche? Dire que je négligeais une merveilleuse frangine carénée par Farina pour me farcir ces sornettes, y avait de quoi se l'exposer au Grand Palais pour la Biennale des joailliers!

Le président qui fatiguait de ne plus tenir le crachoir, fit un arrêt de volée, se saisit de la converse et monta à l'essai.

— Vous allez être abasourdis par ce qui va suivre, messieurs, assura-t-il.

Il parlait en s'adressant à moi car il détestait le

Vieux. Ils avaient appartenu jadis à une même association de droite où leurs relations n'avaient pas été fumantes, Achille représentant dans ce groupement un élément modéré. Les hommes, sans cesse aux prises avec le présent, doivent également compter avec le passé ; il leur restitue souvent des merveilles dont ils croient qu'elles existèrent, mais leur apporte en revanche de redoutables embûches (de Noël). Parvenues à l'autre bout de leur destin, ces deux inimitiés flottaient dans un statu quo basé sur une volonté d'oubli et un sens obscur du renoncement. Ils continuaient de se détester sans avoir l'air d'y toucher, nullement apaisés par l'âge et la réussite, et noyaient dans une indifférence ostentatoire leur ressentiment qui pourtant ne demandait qu'à flotter.

Le président poursuivit, sa lèvre supérieure en auvent sur ses paroles :

— C'est proprement sidérant et si je n'avais eu une confiance totale en monsieur... (Du menton il désigna (donc honora) le mec au naze écrasé.) Si je ne connaissais le sérieux, la rigueur...

Il en balança un paquet. Logiquement, son fumant baratin aurait dû se conclure par une prise d'armes, avec décoration du gazier sur le front des troupes. Mais ses louanges glissaient sur le crâne plat du gus comme le contenu d'une vessie sur l'ardoise verticale d'une pissotière. Il attendait que l'Illustre se tût. La chose fut longue à venir mais se produisit. L'autre prit aussitôt le relais :

— Le Big est entré en contact avec nous, voici deux ans. (Il ne précisa point qui étaient ces « nous » comme s'il était évident que nous le sussions.) Curieuse démarche, en vérité, continua l'étranger.

Imaginez que Superman, que Fantômas baignaient soudain dans un éclairage humain. Savez-vous ce qu'il se mettait à chercher? Je vous le donne en mille, messieurs : un successeur. Vous m'avez bien entendu : un successeur!

« Il déclarait qu'il était vieillissant, qu'il avait mis sur pied un empire secret et qu'il trouvait stupide de le laisser s'écrouler quand il se retirerait. Alors il entendait se choisir un dauphin, le former à son image, l'initier, voilà le véritable mot : l'i-ni-tier. Il n'avait personne dans sa formidable équipe dûment cloisonnée, capable d'assumer la relève. Alors il nous demandait si nous disposions véritablement de gars d'élite, de types hors du commun. Bref, si nous avions dans nos rangs de la graine de superman, disons-le.

« Pour nous, c'était l'aubaine. On s'est réunis en conclave. On a passé au crible nos effectifs et fait un premier choix. Nous avons sélectionné les trois meilleurs éléments de nos troupes. Des terribles, des garçons capables de tout ayant fourni des preuves de leur courage, de leur intelligence, de leur compétence. Le Big les a pris à l'essai. Trois semaines plus tard, l'un s'était fait tuer dans un coup de main, l'autre avait la colonne vertébrale cassée et il nous renvoyait le troisième en alléguant que c'était de la crème de navet! Dur dur!

« Quelques mois se sont écoulés, le Big a repris contact avec nous. Il a déclaré très exactement ceci : « J'ai entendu parler d'un flic français nommé San-Antonio. Si j'en crois son curriculum, il possède certaines des qualités nécessaires à mon remplaçant. Reste à savoir s'il peut acquérir celles qui lui manquent. Arrangez-moi le coup avec ce type. Serait-il partant pour tenter l'aventure ? »

Il y eut un silence. Le binoclard but une gorgée de Haut-Brion qui n'éblouit pas ses papilles de con.

— J'ai parlé de cette proposition à votre président. Je lui laisse la parole.

Il n'attendait que ça pour placer sa botte secrète, l'Illustre.

— Mon cher Antonio, je suis extrêmement sensible à une telle requête qui prouve que la Police française, compte tenu des...

Il y allait féroce dans la dégoulinanche tricolore, s'arrangeant d'instinct pour se draper dans les plis de ma réputation. Là, il le disait franchement que c'était lui qui, dans le sinistre héritage qu'on lui avait laissé, avait repéré l'être d'élite que je suis, lui avait fourni les moyens de s'accomplir, de prouver l'étendue de ses dons.

Je t'épargne...

Le Vieux raunait comme un lion auquel sa fumelle fait du contrecarre. La jactance, c'est son tapin, à cet homme. Les grandes cocarderies, les trémolos, il en est le Von Karajan ! Bon, il admettait : président de la République, y a pas mèche de lutter. Mais taire sa gueule en plein, que non ! Il voulait pas. Ça lui remontait dans la gorge en flot aigre et tumultueux. Achille, premier des Français ou bien dernier, il admettait pas qu'on lui supprime son temps de parole ! Il était noble dans son genre. Sang bleu intransfusable à jamais !

Il a profité d'une légère quinte de toux de l'Illustre qui s'était coincé un subjonctif du troisième groupe dans la glotte. Le président voulait placer un « que nous moulussions » vachement chié, quand ses salivaires ont flanché. Cris et toussotements ! T'aurais vu cette pointe de vitesse du Vieux. En trombe (d'Eustache).

— Puis-je me permettre de vous faire observer, monsieur le président, que le commissaire San-Antonio est le fleuron de la Police française, que, par conséquent, il lui est nécessaire, voire, j'ose l'affirmer, indispensable, et qu'il serait indigne d'un fonctionnaire de sa qualité d'aller faire je ne sais quel louche apprentissage auprès d'un personnage fumeux dont on entretient le mystère à plaisir ! Ce Big Between que, malgré votre sens de la dignité vous surnommez Grosse Bitoune, ce qui est plaisant j'en conviens, n'aurait donc qu'un claquement de doigts à faire pour que nous lui dépêchions la plus sûre valeur de nos effectifs ? Et à l'essai, je le souligne ! San-Antonio qui est un maître dans son métier, deviendrait alors le disciple, le porte-coton d'un Fantômas nouvelle manière ? Je ris, monsieur le président ! Je ris !

Il montrait ses dents en effet, le Dabe, mais cela ressemblait davantage à un rictus de carnassier en colère qu'à une manifestation de joie.

— Eh bien ! riez, mon cher directeur ! Riez ! riposta l'Admirable de sa voix farineuse.

Ils s'affrontèrent du regard aussi tendrement que le font, lorsqu'ils se trouvent nez à nez, une mangouste et un serpent. Chacun cherchant sur son vis-à-vis le point idéal où lui porter l'estocade.

L'homme au nez en poignée de main (de boxeurs) crut judicieux d'intervenir. Ce l'était.

— Je conçois vos objections, monsieur le directeur, mais il faut se placer à un niveau supérieur et ne considérer que la finalité des choses. Le B.B. est devenu pour les nations occidentales un instrument très important ; or nous vivons une époque où chaque avantage compte. Si le commissaire est l'homme idéal pour succéder au Big, il doit tenter sa chance. Il faut savoir faire taire toutes les considérations quand l'enjeu est d'une telle ampleur.

Il vida son godet cul sec, kif un Coca.

— Vous semblez considérer comme une déchéance que votre adjoint s'initie aux méthodes du B.B. ; en fait il s'agit d'une formidable promotion. Si, au bout de la période probatoire, il est sacré successeur du Big, il devient une espèce de force internationale avec laquelle composeront les gouvernements. Puisque vous mettez en avant l'honneur de la France, je peux vous dire que ce serait là, pour elle, une consécration.

Mais le Vieux gardait un visage de marbre. T'aurais cru le buste de Marc Aurèle, les lauriers en moins. Le président eut un rire mutin, simplement avec la commissure gauche (évidemment) de ses lèvres.

— Et si l'intéressé nous livrait sa pensée ? suggéra-t-il avec simplicité.

Ainsi pris à partie, je restis sur la défensive. Dans un cas de cette importance, la balle est dans ton camp tant que tu la boucles, mais sitôt que tu te mets à en casser, tu perds de la valve et ton personnage commence à se dégonfler. Fallait donc balancer du solide ; pas de la brandade de morue. Causer net. Peu, mais ferme.

— Je ne prendrai une décision qu'après avoir eu

une conversation avec le Big Between en personne, dis-je.

L'homme aux lunettes cerclées d'or fronça son énorme pif.

— Ecoutez, auparavant, il conviendrait...

— Il n'y aura pas « d'auparavant », monsieur X. Chez nous, y a qu'à la *Redoute* qu'on achète par correspondance. Si j'intéresse votre Zorro, qu'il m'explique en quoi lui-même ; je n'ai rien d'autre à vous dire.

Ce qui suivit ressembla à de la gêne ; cela fit comme dans un discours, lorsque l'orateur a interverti ses feuillets et qu'il est complètement paumé.

Le président renifla du bout de son long nez aristocratique que qu'est-ce que tu veux qu'il reste allié aux communistes avec un piment plus noble que celui du comte de Paris (et banlieue).

Il se tourna vers son invité.

— Correct, non ? laissa-t-il tomber.

Le mec réfléchit, puis hocha la tête.

— Correct, admit-il à regret.

*
**

Je suis toujours dans les vapes ?

Oui, de plus en plus, même. Ecrasé sur le plancher rugueux par la masse terrible de l'ivresse qui m'annihile.

Je ne vois plus, je n'entends plus, je ne pense plus.

Alors je te continue mon histoire bizarroïde.

*
**

Un mois s'écoula après cette soirée présidentielle, sans que j'eusse la moindre nouvelle de l'homme aux lunettes cerclées d'or.

Au cours des jours qui suivirent, le Vieux maugréa beaucoup et dauba si fort sur le régime en place qu'un nouveau limogeage le concernant me parut inévitable. Il fustigeait les chimériques projets du président qui, à son âge et occupant un tel poste, se laissait endormir par le blabla d'un aventurier, et croyait encore aux fées ! Il clamait qu'on ne confie pas une nation à un saltimbanque toujours prêt à souffler dans le premier mirliton venu pour racoler le public. Il ajoutait bien d'autres choses moins bienveillantes et je m'efforçais de le calmer d'une boutade.

Au bout d'une semaine enfin, et après qu'il eut passé un agréable week-end entre les bras (et les jambes) d'une donzelle élégante et salope à souhait, il oublia l'étrange proposition pour se consacrer à ses préoccupations professionnelles. Je fis de même.

Et puis, un matin, comme je m'apprêtais à quitter notre pavillon de Saint-Cloud, un motard en uniforme rutilant sonna à la porte ; pimpant comme un jouet neuf. Il me salua militairement et me remit une forte enveloppe aux armes de l'Elysée. Je trouvai, à l'intérieur de ladite, un mot, du président fort comminatoire, ainsi libellé : *Le commissaire San-Antonio est prié de se conformer aux instructions ci-jointes et de les garder rigoureusement secrètes, y compris vis-à-vis de ses supérieurs. Il devra me tenir personnellement informé des résultats de cette mission.*

L'usage de la troisième personne donnait de la

gravité au message et pesait comme une promesse de menace.

Outre le royal message, je retira de l'enveloppe un billet d'avion en *first* pour Houston, via New York ; un bulletin de location de voiture à mon nom, bonnifié chez Avis, agence de l'aéroport à Houston ; un morceau de carte routière consacré à cette partie des States comprise entre Houston et San Antonio, avec un cercle rouge tracé au crayon-feutre sur ce morceau de carte et une adresse dactylographiée dans la marge, en regard du cercle, avec, sous l'adresse, l'avertissement suivant : *mardi 28, 4 heures P.M...* Une liasse de mille dollars en coupures variées complétait l'envoi.

Le motard assistait à ce dépouillement avec un maximum de discrétion. Lorsqu'il me vit replacer tout ce fourbi dans l'enveloppe, il murmura :

— Pas de message en retour, monsieur le commissaire ?

— Non, faites dire au président que j'ai pris bonne note.

C'est ainsi que je mis le pied dans l'aventure la plus fantastique de toute ma carrière.

***

La voiture était une Cadillac Seville, de couleur vanille, avec un toit citron. T'aurais juré un énorme sorbet. Une gracieuse demoiselle loquée d'un uniforme rouge, avec des miches qui auraient foutu tout un zoo en effervescence, procéda aux formalités et m'escorta avec déférence jusqu'à la tire, preuve qu'elle me considérait comme un V.I.P. Elle me souhaitait bonne route, je lui répondis qu'elle était tellement jolie que je mettrais mon réveil sur deux plombes du mat' pour pouvoir penser à elle en toute tranquillité ; après quoi je la quittai pour aller prendre la nationale 19.

Si je m'en référais au cercle rouge tracé sur la carte routière, une vingtaine de *miles* tout au plus me séparaient de l'adresse indiquée qui était « *Uncle Tom's Cabin,* 4144, N 19 Texas ».

La chignole était climatisée et son pare-brise teinté de bleu dans sa partie supérieure. Je me sentais là-dedans comme un milliardaire texan allant acheter une quinzaine de Renoir à la ville pour décorer son nouveau pavillon de chasse.

Quelques heures auparavant, je traversais Paris sous la flotte, Paname avec des Parigots renfrognés, des tomobilistes en transe, Pantruche, tout gris comme ses gaz d'échappement. Et voilà que je drivais un carrosse sur une route ruisselante de lumière, avec plein de gens de toutes les couleurs, aux fringues ahurissantes et aux tires qui pouvaient à peine se traîner sous leurs chromes. Le contraste était saisissant.

Au début, dans la banlieue, un trèpe monstre freinait l'allure ; mais cela se clarifia assez vite. Une grosse connasse rousse, coiffée d'un chapeau de cow-boy m'adressa un petit appel de klaxon pour me proposer, je suppose, des tribulations sexuelles, mais je lui montrai galamment mon médius dressé et elle prit la peine d'abaisser sa vitre pour me traiter d'enculé.

Somptueux et aride Texas, pelé, poisseux, avec des

forêts de derricks à l'horizon, d'immenses panneaux publicitaires, des cahutes de bois le long des routes, sur le perron desquelles croupissaient des Noirs en jeans rapiécés.

Je m'arrêtai à un carrefour, because le feu rouge. Deux vieux mecs semblaient tourner la pub de Marlboro en allumant leurs tiges. J'étais joyce. Je me disais que j'allais rencontrer ce fameux, ce formidable et mystérieux Big Between et l'excitation me grattouillait le dessous des testicules. Je me sentais engagé dans une vie nouvelle ; un pressentiment m'annonçait que tout allait basculer pour moi et que je venais de prendre congé d'une existence où je n'aurais jamais plus ma place. C'était indépendant de ma volonté, plutôt phénoménal, comme si une mutation éclair venait de s'opérer en moi. Je n'avais encore jamais éprouvé cela, du moins jamais avec une telle force, une telle certitude, tu piges ?

Au cours de la soirée chez *Lasserre,* j'avais écouté la propose en me tapant sur les cuisses, moralement. C'était la grosse fable exprès ! L'enfarinage grotesque. Bonjour, môssieur Grock ! je partageais le scepticisme outré du Dabe. On nous chambrait vilain avec des histoires de corne-cul. Et voilà qu'en roulant sur cette grand-route texane, inondée de soleil et bariolée, je réalisais que *c'était fait.* Quelque chose s'était produit, qui m'entraînait vers un destin pas piqué des charançons.

Je m'arrêtai sur un terre-plein, à proximité d'un magasin à grande surface Handy-Handy. Une grosse Noire obèse poussait un caddie chargé de bouffe.

Je lui ai demandé, depuis ma portière si elle connaissait *Uncle Tom's Cabin* (la Case de l'oncle Tom) dans les environs.

Elle m'a regardé comme si j'étais un gros tas de merde plein de mouches ; et puis quelque chose en elle a réalisé que j'étais étranger et alors elle m'a répondu qu'*Uncle Tom's Cabin* se trouvait plus loin, mais pas tellement, deux *miles* peut-être, à gauche de la route ; et comme quoi je pouvais pas me gourer car il y avait deux gros pneus de bulldozer peints en rouge de chaque côté du bar. (Ah ! bon, c'était un bar !)

Merci, mème !

Son caddie, t'aurais cru voir un camion de livraison. Quand elle aurait bouffé le monceau de denrées empilées là-dedans, elle pèserait une tonne de mieux, couru, certifié !

L'*Uncle Tom's Cabin* m'a fait tiquer quand je l'ai aperçue. C'était une longue cabane de planches toute de guingois, recouverte de carton goudronné. Des réclames égayaient la façade. Effectivement, deux monstrueux pneus formaient de part et d'autre des massifs futuristes car on avait planté des plantes épineuses à l'intérieur.

J'ai remisé ma guinde vanillée sur l'esplanade galeuse où se dressait la construction et je suis entré. C'était un bar pour Noirs uniquement. Y en avait une bonne dizaine à l'intérieur, qui palabraient sans boire. L'un d'eux grattouillait un banjo. Le comptoir avait été fabriqué avec des planches clouées sur des barils. Un vieux nègre (qui devait être l'oncle Tom) fumait un cigare derrière son rade. Il avait les cheveux blancs et une chemise à carreaux rouges et noirs.

Mon entrée les a sciés, tous. Un silence épais comme du foutre s'est abattu sur l'établissement ; on aurait entendu baiser un couple de mouches. Personne ne bronchait, le gus au banjo est resté comme un con, son instrument entre les jambes pareil à un chibre de cheval.

Je me suis accoudé au rade. Il ne ressemblait pas à celui du *Cintra.*

— Un Seven-Up ! j'ai demandé.

Pour faire sonner mon accent français, j'ai ajouté :

— Putain de chaleur, hé ?

Le tonton Tom n'a pas moufté, mais il a sorti cependant une boutanche de Seven-Up d'un vieux réfrigérateur qui ronronnait comme un hélicoptère, puis il a plaqué une paille contre la paroi mouillée de la bouteille dare-dare, m'a oublié. J'étais devenu plus transparent que l'homme invisible dans les catacombes, pour lui. Ce qu'il y avait de troublant, c'étaient ces Noirs immobiles et silencieux qui jouaient aux mannequins sans me regarder.

La situasse me paraissait molle, brusquement. Quelque part, y avait comme un défaut. Je ne me voyais pas passer la journée à ce rade, dans cette hostilité muette, à siroter un breuvage pas suffisamment froid, car le frigo datait de la guerre de Sécession. Un Blanc dans ce bar branlant, c'était peut-être bien la première fois qu'on voyait ça dans la contrée. Par une petite fenêtre aux vitres sales, j'apercevais des puits de pétrole dans le lointain, avec de grandes flammes montant très haut pour lécher le cul des nuages.

Enfin, j'ai perçu un double bruit de pas et un couple est entré dans l'*Uncle Tom's Cabin.* Des Blancs. Ouf!

Vachement singuliers.

L'homme devait tutoyer la soixantaine. C'était un très grand mec un peu empâté du cou, avec de longs favoris gris frisés, d'énormes yeux d'un bleu délavé qui semblaient vouloir jaillir des orbites ; malgré ce regard saillant, le visage possédait une certaine beauté, presque de la noblesse ; celle des vieux mâles qui ont su dompter la vie, les hommes, les femmes et les affaires. Ce qui surprenait avant tout chez cet homme, c'est qu'il portait un smoking noir, des plus classiques, avec une limouille au plastron gaufré, un nœud pap', des tartines vernies.

Un mec en tenue de gala, dans ce bouge, en plein après-midi et en plein Texas, fallait pas regretter le voyage!

La femme qui l'accompagnait devait flirter avec les soixante-dix carats. Vachement plissée soleil. Son nez ressemblait au petit bitougnet placé au milieu d'un couvercle de panier à toasts pour permettre de le saisir. Des plis en forme de rayons en partaient qui zébraient toute sa figure basanée. Elle avait des cheveux gris, assez longs, noués dans le cou par un ruban, façon petite fille d'internat. Contrairement à son compagnon, elle était fringuée d'un ensemble de coton, pantalon veste, dans les tons pain-brûlé, et d'un tee-shirt jaune. Elle coltinait un grand sac en papier assez lourd apparemment, qu'elle déposa sur une table libre.

L'homme s'avança vers moi. Son visage allongé restait d'une froideur inquiétante. Je croyais qu'il allait me serrer la main, ou du moins me saluer, mais il n'en fit rien.

— Asseyons-nous, fit-il simplement, dans un excellent français.

Il sortit une poignée de dollars de sa poche et les jeta sur le comptoir. Le vieux Noir les prit et les glissa dans son tiroir. Les clients se levèrent alors et quittèrent l'établissement sans parler, presque sans bruit. Lorsqu'ils furent tous sortis, l'Uncle Tom s'en fut fermer la porte vitrée et tira un store roulant qui était fixé derrière. Après quoi, il mit le verrou.

Pendant ce temps, la vieille femme avait sorti quatre bouteilles de bourbon du sac, ainsi qu'un paquet de gobelets de carton qu'elle éventra de l'ongle. Elle en prit deux qu'elle disposa face à face sur la table branlante. L'homme en smok s'était déjà assis. Je me laissai tomber sur la chaise qui lui faisait vis-à-vis.

— C'est vous, le Big ? demandai-je en m'efforçant de donner à ma voix une assurance que je ne possédais pas.

— Non.

— Alors ?

Il haussa les épaules et décapsula les quatre bouteilles de Four Roses.

— On va en boire deux chacun, dit-il ; choisissez !

Il parlait avec une telle autorité qu'il me fut impossible de protester. Son doigt montrait les quatre flacons alignés. Je pensai « A quoi rime une telle invitation ? Deux bouteilles de bourbon, c'est de la folie ! Si je les bois, je vais en crever. »

Je voulus me rebiffer, demander des éclaircissements... Mais il attendait, impavide, sévère...

Je me sentis vaincu par son magnétisme froid. Je saisis l'une des bouteilles ; lui-même en prit une autre et se servit un plein gobelet. Il me porta un toast et le vida comme s'il l'avait flanqué dans un lavabo. Je bus le mien à contrecœur car je déteste le whisky en général et le bourbon en particulier.

La vieille femme ne s'intéressait pas à nous. Elle avait sorti un magazine du sac et le lisait, assise près de la fenêtre dans les vitres de laquelle brillaient les flammes des derricks.

Mon vis-à-vis se servit un nouveau gobelet de Four Roses. J'en fis autant. Pour ne pas être en reste, je m'appliquai à le torcher aussi vite que lui. On ne se regardait pas, on ne se parlait pas. Les deux mouches de tout à l'heure continuaient de s'emplâtrer superbement, la dame mouche prenait son panard superbement et appelait sa maman en moucho-américain avec l'accent texan. Le vieux nègre pour film-fresque, du genre *Racine* s'était mis à réparer un vieux réveille-matin sur son rade ; de la vraie antiquité, *made in Japan* d'autrefois. Il se servait d'un couteau de poche comme tournevis.

Au cinquième godet, je sentis que ça se mettait à chauffer dur sous ma coiffe. J'aurais bien voulu baisser le thermostat, mais y avait pas moyen.

Les questions se faisaient tumultueuses dans ma tronche, pourtant je me retenais de les poser. Je pigeais que ce duel au bourbon correspondait à quelque chose de précis. Il s'agissait d'un examen de passage. Je devais boire et taire ma gueule. La raison de cette épreuve idiote ? Je ne la discernais franchement pas, mais il fallait en passer par là.

Je vins à bout de ma première bouteille sans

encombre. Je continuais de ne voir qu'un type en smok en face de moi, ce qui était bon signe.

C'est au moment de saisir le deuxième flacon que ma main se referma sur le vide. Merde ! J'écarquillai mes vasistas, répétai le mouvement, et cette fois je pus m'emparer de la bouteille.

Mon type en smok prit la dernière rouille et se livra alors à un exercice confondant : il porta directement le goulot à ses lèvres et se mit à lamper à grandes glottées scientifiques. Je voyais baisser le niveau à toute vibure. Il buvait d'un trait, et je me demandais bien comment il arrivait à respirer. Et puis, au bout d'un temps qu'il me fut impossible d'apprécier, il posa la bouteille vide sur la table, s'accouda au dossier de sa chaise et attendit.

J'eus un instant envie de l'imiter, mais je me dis que je n'arriverais jamais à bout de mon flacon de cette manière, je serais asphyxié par la gnole bien avant. Alors je poursuivis mon opération suicide, gobelet après gobelet, réprimant de plus en plus mal des borborygmes. Je ne distinguais les gens et les choses qu'à travers un épais brouillard. Mon sang se fâchait et se ruait contre mes tempes comme une rivière en crue contre les piles d'un pont ; d'un moment à l'autre, il allait tout balayer, y compris ma vie... Je pensais à Félicie, tout là-bas à Saint-Cloud... Quel effarement si elle me voyait à l'œuvre ! Elever un môme, se consacrer à lui, pour en arriver à ce qu'il accomplisse des conneries aussi effarantes, y avait de quoi démissionner de sa fonction de maman ! N'était-il pas honteux pour un existant de faire si bon marché de son fabuleux capital vie ? De quel droit me prêtais-je à ce jeu sinistre ? Sans explication ?

Ça s'arrose, une turpitude pareille !
Et un verre de plus !
Et puis un autre, pour...
Pour qui, pour quoi ?
Je bus.
Bus.
Bus.
Bus...

Je n'y voyais plus clair. Depuis longtemps j'avais déserté ma carcasse et elle ne savait pas que je m'étais barré, l'idiote. Elle continuait de soulever la bouteille, de l'incliner... Glouglou...

Tiens, fini !

Vide ?

Le gobelet saisi avec trop de force me virgula une grosse giclée de bourbon dans les châsses. Aveugle ! Je pus téter ce qui subsistait dedans. Ensuite une immense vague noire se pointa à l'allure d'un cheval au galop. J'aurais voulu fuir, mais c'était hors de question. La vague arriva, me renversa. Je n'éprouvais plus rien.

Le néant, c'est dur à décrire, tu sais.

# FAIS-MOI L'ETALON

Ma nuit cessa pour s'enchaîner sur une autre. Les *Cloches de Corneville* carillonnaient dans ma boîte crânienne. Je me sentais un grand trou à la place de l'estomac et une botte de paille me tenait lieu de cervelle. J'étais encore absent de moi-même, rôdant autour de ma personne sans parvenir à la réintégrer vraiment. Il y avait je ne sais quoi de révolu en moi. Toujours cette terrifiante impression qu'une page, que cent pages étaient tournées, comme ceux d'Henri III lorsqu'il voulait les pénétrer. Une autre vie. Une force effroyable m'arrachait à ma terre d'origine, celle où mes racines s'obstinaient encore à étendre leurs ramifications. On me transplantait. On me saccageait ! On m'ablationnait. On me cisaillait. Des projets de nausée s'attardaient dans mes tripes, irréalisables puisque j'avais tout restitué, capital et intérêts.

J'étais étendu sur du mou, dans une obscurité simplement coupée d'un rai de lumière au sol. L'air confiné de la pièce où je me trouvais sentait le pétrole.

Le rai de lumière se développa soudain et la pièce

où je gisais fut éclairée. Je reconnus, planté dans le rectangle jaune, la silhouette massive de l'homme en smoking. Il avait quelque chose de formidable ; je n'avais encore jamais rencontré un homme qui me donnât une telle impression de puissance.

Il actionna le commutateur ; cette fois, la lumière fut totale. J'occupais une petite chambre banale, d'hôtel ou de motel probablement. Elle se meublait d'un lit bas, d'une commode en bois verni, d'une table et de deux chaises. Il y avait en outre un placard mural. On avait fixé au mur une espèce de fausse tapisserie imprimée dont le motif était d'inspiration inca, dans les tons rouge-brique, et le lampadaire éclairant l'endroit se coiffait d'un méchant abat-jour de raphia.

L'homme au smoking semblait en pleine bourre. Il me regarda et avança sa large main puissante aux doigts manucurés. Au creux de sa paume, se nichait une minuscule pilule blanche à peine plus grosse qu'une tête d'épingle.

— Avalez ça, ordonna-t-il, c'est magique.

Je ne songeai pas un instant à ergoter. Je pris la pilule et la fourrai dans mon clape. Le duraille fut de l'avaler car ma bouche était plus sèche qu'une carcasse de gazelle dans le désert. L'homme assista à mes efforts sans se départir de son air maussade, vaguement réprobateur.

— Ça y est ? s'impatienta-t-il.

Je pus extraire du paquet de coton hydrophile qui emplissait ma bouche, assez de salive pour embarquer la pilule. J'opinai. Il attendit. L'effet promis ne se fit pas attendre. En quelques secondes un ineffable bien-être m'empara ; mes maux disparurent, mes forces revinrent et je me sentis comme dans une auberge de campagne après quarante-huit heures de grasse matinée.

— Pas croyable, béai-je.

Il haussa les épaules.

— Le tout, c'est de l'avaler avant, me dit-il.

Je compris alors pourquoi ses deux flacons de bourbon ne lui faisaient pas plus d'effet qu'une sucette à la menthe.

— Si vous ne savez pas quoi m'offrir à mon anniversaire, faites-moi livrer une caisse de ces machins-là, dis-je, ils seront les bienvenus !

Cette fois, j'escomptais qu'il me fournirait des explications ; mais au lieu de cela il regarda sa montre.

— Je dois m'absenter, déclara le surprenant personnage ; je reviendrai demain matin ; en mon absence, vous devrez faire l'amour à Herminia.

Il fit claquer ses doigts. La vieille apparut.

— Herminia ? balbutié-je, atterré.

Il acquiesça et s'en fut sans un mot. Je perçus, depuis mon lit, un claquement de porte, puis, peu après le ronflement d'un moteur.

Je mis mes mains sous ma nuque et me perdis dans la contemplation du plaftard. Il était blanc sale avec des auréoles jaunes dont l'une épousait la forme de la chère Confédération helvétique.

Le Big Between avait décidément le don de dérouter. De but en blanc, il me forçait à boire deux bouteilles d'alcool, puis de baiser une vieillarde. Le moment n'était-il pas venu de lui dire merde et de retourner chez ma mère ?

— Où sommes-nous ? demandai-je à Mamie Queue-de-cheval.

— *Fort Alamo's Motel,* répondit-elle.

Quand on ne pensait pas à la piner, elle était plutôt sympa, presque attendrissante avec sa coiffure de vieille petite fille. Seulement, quand on se disait qu'il allait falloir la grimper, on révisait dare-dare son premier élan de sympathie. Sa frime plissée, son menton proéminent, sa bouche enfoncée comme si elle avait oublié son râtelier dans le verre à eau, la fluidité intégrale de ce qui avait été ses formes, tout te faisait regimber le paf. Pour le décider à oblitérer ce paquet, il allait falloir lui raconter de belles et fumantes histoires à Mister Lagode. Et encore, il pourrait jamais parvenir à ses fins, l'artiste. Bon chibreur, l'Antonio, mais pas surhomme ! M'était arrivé de calcer des dames plus très présentables, avec du carat, parfois des vergetures navrantes et de la gerbante cellulite, mais une aïeule belle comme un vieux fagot, que non pas. C'était une sinistre perspective. Rien que d'envisager, t'avais les burnes qui flétrissaient et le bigornuche en absolue recroquevillance. Pour le faire sortir de sa niche, Médor, tu pouvais toujours siffler ! Je me disais que même en me carenant Coquette avec un étui à rosette de Lyon, j'accomplirais jamais l'exploit. Elle avait dépassé le point de non-retour, m'ame Herminia. Le temps l'avait mise hors d'atteinte des chibres les mieux intentionnés, les plus téméraires. Son frifri tricotait des toiles d'araignée en toute quiétude, sans risquer des visites importunes.

Ma carence me gênait parce que j'ai toujours été

un garçon bien élevé et que de repousser une femme, fût-elle fossilisée, ça me créait des angoisses.

Je faisais mine de récupérer de ma beuverie. Il avait parlé de revenir demain, le boss au smoking, j'avais donc la noye devant moi.

— Je peux solliciter quelques explications ? lui ai-je demandé après un long moment de réflexion.

Elle n'a pas répondu.

— Vous le connaissez, vous, le Big ? ai-je encore insisté.

Mais elle ne me répondrait pas. C'était hors programme. Son regard ne s'attardait pas particulièrement sur moi. J'avais ordre de la sauter, mais cette mission la laissait indifférente. Elle avait dû ramener le pavillon depuis lurette ; abdiquer du joufflu. Elles ne sont plus mouillantes à cet âge, songeai-je. Qui sait si ça ne présentait pas pour elle une corvée ?

Même avec un beau gosse de ma trempe (vaut mieux se moucher du coude qu'avec les doigts), quand t'as banni le zob de ton univers, t'as la moule nazée définitif.

Elle a ôté sa veste de coton. Son tee-shirt jaune, sur elle, ressemblait à une omelette baveuse.

Mais où sont passés ses nichons ?

Le savait-elle qu'elle devait se faire sabrer par messire Moi-même ? Oui, probable.

Elle s'est assise au pied de mon lit, moche comme cent culs de guenons. J'allais pas m'égarer le paf dans ses méandres, non, sans blague ! Fallait pas pousser ! Et en quoi ça pouvait faire avancer le schmilblick que je torche deux boutanches de Four Roses et que je calce une aïeule ? Je pigeais mal les motivations secrètes du Big Between. Pourquoi pas me faire faire la vaisselle ou repeindre la Maison-Blanche en rose praline, du temps qu'on y était ?

J'avais qu'un atout pour moi : ma cuite récente. Chaque fois que je ramasse une vraie biture, j'ai le tricotin. Ça m'affûte les glandes brimbalantes (ou brinquebalantes si tu es porté sur le « q »).

Je me sentais des nostalgies dans les pomponnettes. Mamie, j'aurais voulu l'imaginer en Miss Vice. Ah ! si elle avait mis du sien, au moins ! Qu'elle se fût peinturlurée les zones sinistrées pour faire moins lugubre : du rouge par-ci, des crèmes de Biotherm par-là, un petit chouïa de machinchouette N° 5 de Carita sur le pourtour. Et puis du dessous rebecqueteur, salace, avec des fentes étourdissantes, des lisérés de dentelle noire, des broderies salopes. Elle aurait dû piller un sex-shop pour devenir un peu opérationnelle, au lieu de m'apporter son paquet d'os et sa toile d'araignée de rides, le tout enveloppé dans un costar presque maoïste de coton marronnasse.

C'était p't'être ça, le piège, l'obstacle. On me la confiait en plein naufrage, Grand-mère. Moche à péter des pendules ! On avait accumulé les impossibilités majeures. Ils avaient placé la barre au maxi, les gueux. Pour sauter ça, fallait pulvériser le record du *world !*

Et ma perplexité augmentait. Je ne me reconnaissais pas, comme disent les bonnes gens. Moi qui supporte mal les contraintes, voilà que j'obéissais comme un toutou de cirque. Sans préalable on me tendait deux flacons d'alcool : « Bois ça ! ». Je buvais, m'écroulais, dégobillais. Après quoi, on me montrait cette Carabosse déglinguée : « Baise-là ».

Bien, monsieur! J'allais essayer d'emplâtrer Médème. Un phénomène d'hypnose?

J'ai décidé d'annoncer la couleur :

— Ça vous dit de faire l'amour avec moi, Herminia?

— Je vous le dirai « après ».

J'en ai eu des décharges électriques dans le soubassement.

— Vous en avez envie? ai-je insisté.

— L'appétit vient en mangeant!

J'ai pensé à éteindre la loupiote. Ça pouvait m'aider, le clair-obscur. J'ai actionné le commutateur, seulement il y avait l'enseigne lumineuse du motel dans le coin et sa clarté indigo forçait le méchant store. On continuait de pouvoir lire dans la chambre. Je me suis dessapé en un tournemain. Mémé assistait au décarpillage comme une doctoresse observant son patient.

Une fois à loilpé, j'ai eu la bonne surprise de constater que Coquette flottait entre deux eaux. Une excitation subconsciente me taquinait le malabar. Oh! c'était pas la bandaison hussarde, mais y avait de l'idée. Pour être franc, Nestor avait la consistance d'un matelas pneumatique en cours de gonflage.

Je me suis approché de l'ancêtre, espérant qu'elle allait continuer à souffler. La Flûte Enchantée, c'est plutôt royal comme effet. Mais elle restait passive.

— Vous n'allez pas me faire croire que votre maman ne vous a rien dit? ai-je soupiré.

Elle s'est levée pour dégrafer son bénoche. Ses cannes de sauterelle m'ont dévasté le mental. Et sa lingerie intime, donc! Un slip de paysanne, ridicule, pendouilleur.

Ah ! non, merde ! Je criai pouce. Mon copain Lapointe a fait relâche d'un coup. Une feuille morte ! La féerie s'achevait pile ! Et alors, bon, c'est à cet instant que j'ai eu le grand sursaut. Au moment de renoncer, je me suis conspué. Le règne animal que je bafouais ! Un mâle, une femelle ! Y a pas d'âge. C'est théorique, anormal. Un jeune chien grimpe une vieille chienne ! Et c'est lui qui détient la vérité de nature. Nous autres, cérébraux, on abolit l'harmonie universelle avec notre foutue gamberge.

J'ai arraché la culotte de Mémé. Sa cressonnière manquait de luxuriance et faisait penser à la barbiche de Trotski ; mais qu'importe ! Je partais à la reconquête de l'espèce, mézigue. Je réintégrai ma dignité masculine. Hop ! la mère, tourne tes miches du côté Washington ! Participe un peu, bourrique ! Tu vas t'engranger du surchoix ! Braque de *first quality,* ma poule ! A genoux, la procession passe ! Voilà, merci ! Là, au moins, je vois plus ta gueule ! La position lui tendait les flasqueries. Elle devenait moins épouvantable.

Je lui ai bricolé des préalables pour baliser le parcours. Comme le bûcheron avant de cramponner sa cognée. Les salivaires, ce grand recours des âmes desséchées !

Et tout en l'actionnant, Herminia, je puisais dans l'imaginaire. Je me projetais des souvenirs coquins extrêmement bioutifoules. Cette jolie touriste danoise que j'avais embroquée en plein musée de l'Ermitage à Leningrad, derrière un portrait en pied de Pierre le Grand. On s'était trouvés côte à côte dans le car de l'Intourist. Regards, sourires, genoux, joujoux, choux ! Elle était énervée par le voyage. La visite du musée n'en finissait pas. On allait de salle en salle à l'allure de chenilles processionnaires. Je la tenais par la taille, et même un peu plus bas. Dans l'une des salles, ça formait un recoin. Je l'y ai entraînée. On a commencé par des pelles gourmandes, poursuivi par des manœuvres exploratoires. Au bout de trois minutes, on n'en pouvait plus : la surchauffe opérait ses ravages. Elle portait un kilt, je me rappelle ! J'adore les kilts. Elle a pris appui contre un socle supportant une statue de Lev Tarassov qui le représentait en train d'écrire la vie de la Grande Catherine. Moi je l'ai dékiltée à la retroussaille, façon photographe de l'ancien temps. C'était la harde magique. Au déboulé du désir. On entendait la grosse guide qui racontait en anglais comme quoi la peinture que les autres glandus admiraient représentait Moscou en feu pour faire chier Napoléon. Ma petite potesse de Copenhague, elle clamait tout ce qu'elle pouvait de se faire démanteler le Jutland. Elle appartenait à la race des bruyantes. De ces minouches qui glapissent au premier coup de langue sur le bouton d'essorage.

Dans le palais de l'Ermitage, tu parles, ça résonnait aux extrêmes. Quand elle se faisait fourrer, la Catherine II, elle devait fermer les rideaux de son pieu pour s'insonoriser le panoche.

Je lui suppliais d'y mettre une sourdine, la Danoise, mais elle avait dépassé la limite du self-control. Ce qui devait arriver est arrivé : un gardien s'est pointé. Jeune, blond, à lunettes. En y regardant attentivement, c'était pas un gardien, mais une gardienne, ou une hôtesse d'accueil, ou ce que tu voudras, mais femelle !

Elle en est demeurée coite de nous voir au labeur, la Natacha. Moi, je lui ai fait un beau sourire, sans cesser de limer. Et puis j'ai entrouvert la bouche pour laisser gigoter ma langue à l'extérieur. Ça l'a chancetiquée complet, la gardiente. Elle a continué de nous regarder brosser en se massant l'intersection. Elle avait les yeux vachement glauques. Elle s'approchait, en état second. Elle marchait pas, mais glissait sur le sol de marbre.

Quand elle s'est trouvée près de moi, elle m'a tendu ses lèvres et je lui ai roulé la galoche dix-septième, orthodoxe, dans toute son apothéose. Gentille, elle me massait les sœurs Brontë. Tu juges de la séance ?

Moi, d'y repenser, ça me mit sur orbite (de cheval). Et c'est M'âme Herminia qui profita de ces belles dispositions. Elle en tira les marrons du feu, la vénérable. Je l'entreprenis féroce, à l'énergie débridée, comme la jolie Danoise de Leningrad. Ça finissa par l'intéresser vivement, Mémère. Elle renouit avec le passé, pour lors. Retrouvit ses grandes glandulations de jadis, allant même jusqu'à pousser de jolis petits cris modulés, très encourageants. Moi, je piquas des deux dans les steppes ruscofs. J'embroquis à la santé de Pierre le Grand, ce cher monarque.

La baise en surimpression, quoi. La plupart des époux procèdent ainsi : ils se font la mère Poupette en se persuadant que c'est Catherine Deneuve, et tout le monde en profite... sauf Catherine Deneuve, la pauvre ! Mais n'a-t-elle point déjà la gloire et la beauté ?

Ce fut très simple, très ardent. Emouvant aussi. Un coït d'adieu en quelque sorte. Son chant du cygne, me semblit-il. Elle y allait au cul cadencé, la chère madame. Une, deux; une, deux! Moi, j'oubliais ses fesses en gouttes d'huile pour lui supplanter miss Copenhague et miss Leningrad derrière la majesté de Pierrot le Grand. Cette séance! Et dire que l'entrée au musée était comprise dans le forfait touristique! Ils font drôlement bien les choses chez Kuoni. Avec eux, pas besoin de flipper, ça baigne.

Je lui pratiquai la toupie charentaise, Herminia. En vrille, tu te rappelles, Ninette? Tu tiens bien ta partenaire à deux mains, par la taille, et tu oscilles de la membrane chercheuse. Tu lui fais, somme toute, la chenille en folie. Elle crie dans les virages et dans les plongeons vertigineux, serre les noix : c'est gagné.

Je ne saurais dire combien de temps dura cette séance. Un peu plus longtemps que ça, toujours est-il! Lorsque je lui pris congé du babassou, elle était anéantie, la daronne. On pouvait revisser le couvercle de son sarcophage, elle avait eu son compte. Elle resta à plat ventre sur le lit, exténuée, pareille à une vieille mouette déplumée sur la grève. Je lui filai vivement un pan du couvre-lit sur la surface de réparation, tant tellement ça me faisait pitié ce pauvre cul fané qui venait de se payer une formidable fête à nœud-nœud pour la dernière fois de sa carrière.

Quand je revins de la salle de bains, elle gisait toujours dans la même posture.

Sa voix étouffée s'éleva, dolente comme celle d'un gars qui vient de se prendre un rouleau compresseur sur l'estom' et qui supplie qu'on le lui retire.

— *Darling,* vous êtes un surhomme ! me déclara-t-elle avec peine mais ferveur.

— Vous êtes trop indulgente, je lui répondis-je.

Elle soupira.

— Je meurs de faim à présent, c'est votre faute. Vous voulez bien aller me chercher un club-sandwich à l'office ?

— Volontiers.

— Et un grand verre de Coc'.

— O.K. ! lui répondis-je en américain moderne.

Je me rhabilla, songeur. Je venais de souscrire à la seconde exigence du Big. Cette sinistre partie de guiseau avait-elle une signification ? La suite devait me prouver que oui, je te le dis sans jambages.

— Suis-je astreint à résidence ou puis-je aller me promener à ma guise ? demandai-je.

Herminia pour lors désenfouit sa face craquelée et me toisa.

— Mais pourquoi cette question ? Vous êtes absolument libre, mon grand beau fou.

— Ça me fait plaisir de vous l'entendre dire. A propos, comment se nomme votre copain, le type au smoking ?

— Duck.

— Il a dit qu'il serait là demain matin.

— S'il l'a dit, il le fera.

— Quel est son rôle dans le Big Between ?

— Vous le lui demanderez.

— Et le vôtre, gentille Herminia ?

— Vous le lui demanderez également. Vous pensez à mon club-sandwich ?

— J'y cours.

⁂

Il y avait une partie vitrée pour la réception, et au-dessus de la lourde, le mot « Office » était écrit en néon bleu vif ; contigument se trouvait un bar-restaurant. Ça se composait d'un comptoir de bois ciré derrière lequel un homme de couleur, vêtu de blanc, faisait la cuisine. L'endroit puait la friture et l'oignon. Il n'y avait en fait de client qu'une espèce de mégère énorme, dont le corsage représentait des affiches, ce qui la faisait ressembler à une colonne Morris. Elle était un peu sang-mêlé, avec des cheveux roux crépus, et une bouche grande comme une entrée de métro.

— Deux club-sandwiches, deux Coc' ! lancé-je au cuistot.

Il caressa ses moustaches avantageuses du bout des doigts, comme pour s'assurer qu'elles étaient toujours à leur place.

— Et vous buvez quoi, en attendant ? s'informa le gus.

Son bonnet de police était posé bien droit sur sa tignasse sombre.

— Pourquoi, ça risque d'être long ?

— Dites, les club-sandwiches sont préparés à la demande, on ne travaille pas sous cellophane ici.

La grosse vachasse s'empiffrait des saucisses verdâtres pareilles à des concombres de mer. Elle éclusait du lait mélangé à de la grenadine. Le tout était puissamment dégueulasse. Il me restait de ma sombre biture et de mon coup de bite héroïque, un vague délabrement intérieur. L'alcool me faisait horreur.

— Un verre de lait nature, bien frais, décidé-je.

Il me le servit. J'en bus une gorgée, ça n'avait qu'un goût de craie délayée dans de l'eau glacée. Merde, elle était loin, ma Normandie !

Le chef n'était pas bileux. Mon pote Guy Savoy aurait eu le temps d'accommoder un dîner dégustation de trente personnes, avant que le préposé du *Fort Alamo's Motel* ait déballé ses différents ingrédients. Rien que pour trancher les cornichons en fines rondelles, il lui fallait un quart d'heure.

J'eusse voulu que tu le visses disposer le blanc de poulet sur la tranche de pain de mie, et ensuite les tomates. Un artiste. Il composait une mosaïque. Ça représentait des fleurs stylisées, la tomate formait les pétales, les cornichons les feuilles, le blanc de poultock le vase.

— Dites, l'ami, c'est pas pour exposer à la National Gallery of Art de Washington, c'est pour bouffer d'abord et chier ensuite, je laissai tomber du haut de mon impatience.

— Monsieur est poète, ironisa le surdoué.

— Moi, c'est sur la gueule des petits malins que je compose des fresques, m'écriai-je.

Rageur, il planta son coutelas de service dans le bois de la planche de travail.

— Eh ! doucement ! fit-il. M. Robert, le patron, a horreur des énervés ; il est en train de prendre sa bouffe, mais je peux l'appeler.

Je me dis que je n'étais pas venu au Texas pour tourner un western et je me retirai sur des positions préparées à l'avance.

— Grimpez pas en mayonnaise, l'ami. Mettez-la plutôt sur votre chef-d'œuvre, on meurt de faim, ma poupée d'amour et moi.

Il eut un rire entendu et poursuivit son œuvre d'art sans se presser davantage. La vraie tête à claques. Je lui aurais volontiers mis un taquet au bouc, juste pour voir chavirer son regard suffisant. Décidément, les States me portaient aux nerfs et je devenais belliqueux dans ce bled.

La bonne femme sang-mêlé qui entonnait ses saucisses aux choux torcha avec sa serviette de papier les deux ruisseaux de graisse qui sortaient de ses commissures et me demanda, d'une voix mélécassiste qui laissait prévoir une aphonie imminente :

— Vous êtes malade, gars ?

— Quelle idée ?

— Vous avez la gueule toute verte.

— Verte ? fis-je, hébété.

Je cherchai un miroir alentour, n'en trouvai pas et me rabattis sur le percolateur ventru, bien encaustiqué, ça fallait le reconnaître. Je constatai fectivement que le tour de ma bouche et une partie de mes joues, jusqu'au niveau des pommettes étaient d'un jaune tirant sur le vert. Conséquence de ma féroce cuite ? Ça m'inquiéta. J'allais pas me payer une hépatite en plein début de super-western, sans blague !

Comme le loufiat achevait de construire les deux féeriques club-sandwiches et commençait de retirer les échafaudages, un type énorme fit son apparition. Il avait un ventre tellement gros qu'il devait ouvrir les portes en se tenant de dos, sinon, leur loquet était inatteignable de face, ses bras étant moins longs que son bide. Il portait une chemise et un pantalon kaki, un grand feutre de cow-boy beige clair et il avait une grosse ceinture supportant un pistolet, une matraque et tout un fourbi moins spontanément identifiable.

Il demanda au garçon, lequel glissait ses sandwiches dans des sacs de papier :

— Qui est-ce qui habite votre putain de clapier numéro 4 ?

Comme il décrivait un quarante-cinq degrés, j'aperçus une étoile de shérif épinglée à sa limouille. Le bonhomme avait dû être blond, jadis, mais ses crins s'étaient fait la malle, et il lui restait une espèce de duvet jaunâtre sur les tempes. Il possédait cinq ou six mentons de rechange, parmi lesquels on ne pouvait plus discerner le vrai d'origine.

Moi, je continuais de mater ma bouille verdissante dans le perco. Ça paraissait sérieux et me filait les foies en sourdine.

— Bougez pas, je vais demander, shérif, fit le cuistot.

Il s'absenta. Le gros mec décrocha un paquet de biscuits salés d'un présentoir à tourniquet. Il le déchira d'un coup de dents et s'enfourna le contenu entier du sachet dans la soute à merde. Il eut deux mastications, pas davantage et, d'un effet de gosier avala le blaud. La bonne femme aux saucisses demanda :

— Y a du suif, shérif ?

L'interpellé caressa son bide et répondit d'un rot profond comme le son du cor au fond des bois. Il était raciste ou pas loquace.

Le loufiat revint.

— C'est ce mec qui occupe le 4, annonça-t-il en me désignant du pouce.

Le shérif émit un deuxième borborygme sur le mode feulatoire.

— Vous pouviez pas l'dire ? m'apostropha-t-il, pas joyce le moindre.

— Je n'en savais même rien, ripostai-je ; ce n'est pas moi qui ai loué le bungalow.

— C'est qui ?

— Des amis qui m'accompagnent.

Il cracha un gros grain de sel résultant des biscuits qu'il venait de goinfrer et décida :

— Suivez-moi !

— Où donc ?

— Dans votre turne !

— Pour quelle raison ?

— Je vous le dirai là-bas.

Je pris le sac contenant les sandwiches et lui filai le train docilement.

— Hé ! ça fait trois dollars ! m'interpella le cuisinier.

Je revins les lui donner. Le shérif obèse m'attendait dans l'encadrement de la porte qu'il obstruait entièrement, et encore en se tenant de profil.

Je me demandais ce que pouvait me vouloir le représentant de la loi. Il me faisait penser à Béru, en beaucoup plus gros et en beaucoup moins gentil. Il avait le regard fumier. Quand il marchait, son gros cul ballottait comme deux sacs de farine sur le bât d'un âne. Il exhala encore quelques rots le long du trajet. Un appareil noir qu'il portait dans la poche supérieure de sa chemise se mit à grésiller pour un appel d'urgence.

— Ta gueule ! grogna le mahousse en le stoppant.

Nous parvînmes à la porte marquée 4. Elle n'était pas fermée complètement. Le shérif acheva de l'ouvrir d'un coup de pompe.

— Entrez !

J'entris.

Le bungalow comprenait une espèce de séjour sommaire, et puis la chambre où j'avais sabré Mémère.

— Bon, alors ? fis-je en me retournant.

L'obèse avait dégainé son revolver de cow-boy et me braquait. Il ressemblait à John Wayne vu dans un miroir déformant.

— Faites surtout pas le malin ou je vous troue de partout en commençant par le haut, avertit le Sac-à-poubelle.

— Mais enfin quoi, qu'est-ce qui vous prend ?

— Ce que j'aimerais savoir, c'est ce qui vous a pris à vous.

Il me désigna la chambre. Mamie Herminia était toujours dessapée du bas. Elle se tenait agenouillée devant le plumard, le buste sur le couvre-lit. On lui avait fendu le crâne à coups de tabouret. L'arme du crime était disloquée par la violence des chocs. Il s'agissait d'un meuble de cuisine en bois. Le sang maculait la peinture blanche, il y avait même des morceaux de je ne sais quoi, très dégueulasses, après le siège.

— Un coup de sang ? questionna le shérif, sans humour.

Mon premier réflexe fut piètrement celui de n'importe qui confronté à pareille situation.

— C'est pas moi !

— Naturellement puisque c'est le Président Reagan ! gouailla le poulet.

— Parole !

— C'est vous qui avez baisé cette vieille ?

Là, il marquait un point colossal, avec son zeppelin dans sa culotte, cézigue-pâteux.

— D'accord, mais...

— Vous êtes sadique ou quoi ?

— Je...

Non, y avait rien à dire pour me disculper. A moins que...

— Qui vous a prévenu, shérif?

La vivacité de ma question l'amena à y fournir une réponse. Il manquait un peu de self-control.

— Une fille de service. Elle cavalait en gueulant au secours... Juste comme j'arrivais pour vérifier le registre du motel, comme chaque semaine.

Je me mis à réfléchir aussi vite que tourne l'hélice d'un avion à réaction.

Combien de temps étais-je resté absent du bungalow ? Une bonne vingtaine de minutes au moins. Je récapitulais mes démêlés avec le loufiat au bonnet blanc, le temps infini qu'il mettait à préparer les deux sandwiches... Pendant ce laps de temps, quelqu'un était venu estourbir la vioque. Pour me foutre dans la mouscaille ? Je trouvais qu'il tombait bigrement à propos, le shérif obèse. Et, au fait, où se trouvait cette pauvre fille de service terrorisée ? J'entrevoyais la toute pernicieuse machination ; la béchamelle super-merdique.

— Bon, tendez voir un peu vos poignets qu'on procède par ordre ! me dit le gros en arrachant une paire de menottes de sa ceinture aussi abondamment pourvue que le B.H.V.

Il tenait toujours son flingue, mais il se servait néanmoins de sa main pour décroiser les poucettes. Je n'aurais sûrement pas dû le faire, mais je le fis. Un coup de pompe inouï dans ses couilles perdues tout là-bas sous l'auvent de son baquet. Fallait shooter loin. J'atteignis mon objectif. Ses burnes, ça devait faire quelques décennies qu'il avait rompu toutes relations avec elles, le diplodocus étoilé. Il se rappelait seulement plus leur existence. Mais je venais de les lui remettre en mémoire. Il poussa un rugissement épouvantable, rien de commun avec ses rots précédents, et puis tomba à genoux, prit appui sur ses mains, n'empêche que sa bedaine traînait malgré tout sur le plancher.

Fallait finir le boulot commencé. Je ramassai son arme et lui administrai un coup de crosse très sec, là où se trouve la glande de l'endormissement. Et pouf ! il s'étala. Enfin, c'était une image. On ne peut guère « s'étaler » quand on fait trois mètres de tour de taille. Disons qu'il fut *out*.

Je me pris à part et me dis : « Bon merde alors, t'es pas parti pour la gloire, Antoine. Si quelqu'un aurait dû rester devant son Dubonnet, c'est bien toi ! »

Je nageais dans le saignant, dans l'irréparable. On allait m'embastiller à vie, peut-être même me fourrer dans la chambre à gaz. Le moyen de me disculper après un tapin pareil ? J'avais vergé la vioque et estourbi un shérif, le moyen, après ça, de plaider non coupable ? D'alléguer candidement que je n'avais pas fracassé la tronche à Mémère ? J'aurais eu son téléphone, comment que j'aurais passé un coup de grelot à la jolie Teissier, lui demander quelle suite elle lisait dans mon thème astral. Je thème, un pneu, boy-scout, à la folie, pas du tout !

Chié ! chié ! chié !

Je m'aperçus dans une glace fixée au mur. Ma

gueule était presque complètement verte pour arranger le topo. Un vrai Martien débarqué de sa soucoupe ! Que fiche, que faire ? Si au moins le type au smoking, Duck, était là... Quoique c'était probablement lui qui m'avait plongé dans la panade...

Alors ?

Alors rien.

L'appareil du shérif se remit à grésiller pire qu'avant. Il avait dû se débloquer dans sa chute. Ce bruit me fit réagir. Fallait que je me fasse un petit cadeau, que je m'emporte ailleurs, m'emmène promener...

Je sortis sans me presser. Après avoir ramassé le bada du gros lard, je m'en coiffis. Il m'arrivait aux épaules. Avec ce machin-là sur la tronche, je devais avoir l'air d'un champignon.

Et pas d'un comestible, crois-moi !

# FAIS-MOI L'OUTLAW

Tout en pilotant, je me rappelais avec émotion ces paroles de la comtesse de Ségur, extraites me semble-t-il des *Malheurs de Sophie* à moins que ce soit du *Général Duracuir :* « Quand tu te penches sur la rivière et que tu te vois deux paires de couilles, n'en tire pas un orgueil trop hâtif, cela signifie simplement quc tu cs en train de te faire sodomiser ». Comme c'était bien vrai ! Pétri de bon sens. Comme cela dénotait un sens aigu de l'observation ! Ah ! chère irremplaçable comtesse, comme elle aurait fait merveille dans la littérature grivoise, avec ses petites filles mouillées aux culottes modèles et ses généraux peloteurs !

Mais moi, franchement, au volant de la voiture de police, je ne me sentais pas deux paires de claouis. A vrai dire, je me demandais s'il me restait seulement une burne !

Je roulais mollo, m'efforçant de maintenir le bitos de Gros Bide au niveau de mes sourcils. Quelle autre voiture eusses-tu voulu que je prisse ? La mienne ne se trouvait plus au parkinge. J'étais donc monté dans la sienne, dont la portière était restée ouverte, ce qui ressemblait à une invite.

Mon but ?

Je n'en avais pas.

Tout partait en sucette, tournait au vinaigre (ou au vit nègre). Je m'étais laissé rouler de première. La méchante introduction du *finger* dans le *backside !*

Aller où ?

Faire quoi ?

Fuir ? Mais comment ?

Trouver refuge chez qui ?

J'allais avoir aux miches une jolie accusation de meurtre et de voies de fait sur la personne d'un magistrat. Les bourdilles texans allaient se lancer à mes chausses, et s'ils ne suffisaient pas, les fédés entreraient dans la danse !

Pour l'instant je roulais sur San Antonio (sans trait d'union), un comble ! San-Antonio traqué dans San Antonio : plaisant.

A un carrefour, y avait un méchant accident : deux tires venaient de se praliner et avaient raccourci d'un bon mètre chacune. Un gus gisait sur l'asphalte. Des gens m'ont adressé de grands signes. J'ai fait du slaloom à travers la foule et les épaves et j'ai mis la sauce pour me tailler de cette zone épineuse. Dans mon rétro (vade satanas) j'apercevais des hommes trépigneurs qui me criaient des insultes.

Bon, fallait pas trop lambiner au volant de cette tire. J'ai bombé comme un perdu. Soudain, une autre tire de police a débouché, face à moi, sirène hurlante. J'ai fait un signe de courtoisie à tout hasard.

Elle a continué, mais le poste émetteur-récepteur fixé à bord de ma chignole s'est mis à aboyer :

— Faites demi-tour, Steven ! Portez-vous immédiatement à l'intersection de la nationale 19 et de...

— O.K. ! ai-je nasillé.

J'ai ralenti et fait semblant de manœuvrer. Les collègues disparurent. Alors je remis tout le jus que cette carne de tire américaine avait dans le bide ! Ces tas de ferraille m'ont toujours flanqué la colique. Moi j'aime la bagnole de race : italoche ou anglaise.

J'avais à peine parcouru deux *miles* que l'appareil reprit la parole :

— Bon Dieu, qu'est-ce que vous foutez, Steven !

— Je viens de crever ! ai-je lâché en mettant ma main devant ma bouche et en me pinçant le nez pour faire plus ressemblant.

J'ai reçu un mot qui devait être du genre malédicteur, mais mon américain était trop superficiel pour que je puisse le traduire.

Dix minutes plus tard, j'atteignis San Antonio. Ça commençait par une grand-route bordée de motels et de stations d'essence ; et puis la route devenait rue. Ça se mettait à pousser, les gratte-ciel, et les gens à grouiller. La circulation devenait dense. J'ai repéré un chantier en construction mal éclairé. Des grues, des bétonnières l'encombraient.

J'y suis entré délibérément, j'ai stoppé derrière un gros engin jaune, ôté mon chapeau-parasol et je suis descendu de l'auto.

Je me suis alors trouvé nez à nez avec un mec

basané qui tenait une torche électrique d'une main et un flingue de l'autre. Il avait le type mexicano, le gonzier.

— Hello ! je lui ai dit.

C'était le gardien du chantier.

— Qu'est-ce que ça veut dire ? il m'a demandé, indécis.

Il associait mal mes fringues civiles et l'auto de police.

La plus piètre des ruses m'a suffi.

— Regardez, ce que ça veut dire, ai-je fait en montrant quelque chose derrière lui.

Il s'est retourné. D'une seule manchette je lui ai fait mordre la poussière. Mon cas s'aggravait vilain ! Non, sincèrement, c'était pas un bon jour.

J'ai filé en vitesse avant qu'il n'ait récupéré de sa châtaigne. La nuit était plus lourde qu'une bite d'éléphant en rut. J'écrasais plein de vilains insectes en foulant le trottoir. Ils éclataient sous mes semelles comme des coquilles de noix.

La vieille chanson de Bécaud me lancinait le cigarillo : « Et maintenant, que vais-je fai ai re ? »...

Je me suis surpris à trembler comme une feuille. J'avais les glaglas. De la fièvre ? Possible. Une sucrette à grand spectacle. Ou alors la Parkinson qui me chopait à tout va ! Malade, en plus !

Epuisé je suis entré dans un petit bar. Stevie Wonder sévissait. Fallait se bourrer les portugaises aux boules Quiès pour supporter. Le barman, un grand diable, rouquin à foutre le feu au Mont Blanc, regardait la télé malgré le vacarme du jukebox. Il avait un drôle de tic qui l'amenait à s'empoigner les génitoires toutes les cinq secondes.

— Une bière ! lui dis-je.

Je me hissai sur un tabouret, tant bien que mal. C'était le grand vertigo dans ma tronche. Un carrousel emballé. En face de moi, la grande glace du bar me renvoya une gueule tragique, complètement verte ! Le Rouquemoute essayait, par décence, de ne pas trop me regarder, mais c'était plus fort que lui et ses yeux de lézard constipé revenaient sans cesse sur moi comme deux mouches à merde sur une tartine de confiture.

Je pris la bière, trempai mes lèvres et eus un haut-le-cœur. Impossible d'avaler le moindre centilitre d'alcool !

— J'ai réfléchi, lui dis-je, donnez-moi un Canada Dry. Ça a la couleur de l'alcool, ça a le goût de l'alcool, mais c'est Canuet !

Il haussa les épaules. Je l'intriguais et le faisais un peu chier sur les bords. On était seuls dans sa taule ; plus Wonder et la téloche. Un mec en bras de chemise donnait les infos régionales. Le barman s'était remis à écouter. Une main féminine entra dans le champ et déposa un feuillet devant le commentateur. Il en prit connaissance du coin de l'œil sans cesser de parler. Quand il eut fini à propos de la décision du gouverneur de ne plus tuer les caïmans, il annonça qu'un meurtre venait d'être commis au *Fort Alamo's Motel,* sur la N 19. Un étranger venait de suriner une vieillarde et avait cruellement frappé le courageux shérif Steven qui tentait de l'interpeller. Signalement du fugitif... A noter qu'il avait une partie de la figure verte.

Le barman roux fit montre d'une présence d'esprit inouïe : il ne cilla pas et n'eut pas un regard dans ma direction. Mais bon, je le savais qu'il m'avait redressé, l'apôtre, tu parles! Des étrangers à la figure verte, y en déambulait pas des légions dans l'Etat. Qu'allait-il faire? Sortir une rapière de sa caisse et me braquer? Ou bien aller tubophoner aux archers, en douce?

Intéressant à observer. Je bus mon Canada Dry. Il n'avait pas du tout le goût de l'alcool!

Ce fut la fin des informations et il y eut une flopée de pubes : Ford, lessive, beurre de cacahuète.

Le loufiat bâilla.

Je le vis s'approcher du téléphone posé à l'extrémité du rade. Bon, c'était le moindre mal. Il ne téléphona pas, mais tritura un bitougnet sous l'appareil. Je compris qu'il venait de débrancher la ligne du bar pour la diriger sur un autre appareil.

Peu après cette discrète manœuvre, il sortit par une porte basse.

Je comptis jusqu'à trois avant de le suivre. J'avais posé mes godasses. L'Eclaboussant fonctionnait dans une arrière-salle encombrée de caisses. Il composait fiévreusement un numéro. Juste au moment où il chuchotait « Allô, police? », je saisis le fil et l'arrachis.

— A quoi ça t'avancera, Ducon? je lui demandai. Y a pas de prime à la clé.

Il restait penaud, le combiné blotti contre son oreille, se demandant si j'allais le buter.

Moi, il me fit songer à une girafe albinos congelée. J'alla au fond de la pièce où une autre porte me tentait. L'entrouvris. Elle donnait sur un couloir, lequel unissait l'immeuble à la rue.

Je revins à la girafe confite.

— T'es pas charitable, mon ami.

Et je lui allongeai un crochet à la mâchoire ; de ceux qui te font papilloter des paupières. J'étais le roi du k.-o. Ma façon de prendre congé de ceux qui s'interposaient entre moi et la liberté chéri i i e. Je m'en fus par le couloir après avoir récupéré mes pompes. Dans la rue, les gens tressaillaient à ma vue et se retournaient sur mon passage. Faut dire qu'un homme vert, par ces temps de science-fiction, ça se remarque. Y avait toujours ces putains d'insectes noirs qui craquaient sous mes pas comme du bois sec. A chaque enjambée, je m'attendais à voir surgir des flics. Le gardien du chantier avait récupéré depuis un bon moment déjà et donné l'alerte.

Pincemi et Pincemoi sont sur un bateau, me disais-je... Je tremblais de plus en plus fort, la tête me tournait. Des sirènes de flics hurlaient à la mort à travers la ville. Joyeuses Pâques !

A un moment donné, je dus m'acagnarder à une façade tant tellement le vertigo m'embarquait. Je fermis les yeux pour tâcher de me refaire un équilibre, mais ça merdait en moi comme dans un paquebot éperonné.

Je rouvris les châsses et j'aperçus une Noire dans un renfoncement. Une blonde décrépée. *La Négresse blonde,* œuvre de Georges Fourest. Ça ne se lisait plus depuis mèche, cette prose farfadingue. La fille portait un corsage de satin rouge, une jupette noire qui lui arrivait au ras des miches. Son maquillage lui donnait un aspect carnavalesque. J'avais beau me trouver au pays de l'extravagance, une gonzesse peinturlurée à ce point ne pouvait qu'être une pute.

— Hello ! je lui fis.

Elle s'avança d'un pas.

— Tu m'embarques, ma belle ? je lui demandis.

Au lieu de sauter sur l'occase, elle questionna :

— Pourquoi t'es vert ?

— Pourquoi t'es noire ? ripostai-je.

J'ajoutis :

— Moi, c'est le foie, et toi l'hérédité, lequel guérira le premier à ton avis ?

Elle eut un sourire pareil à un coup de projecteur, tellement ses grandes chailles brillaient.

— Quel est ton devis pour une nuit d'extase, ma jolie ?

— Pourquoi une nuit ?

— Je ne suis pas un bâcleur ; il faut du temps pour m'apprivoiser.

— Cent dollars ! risqua la môme.

— C'est parti.

Pourtant elle hésitait encore.

— Tu les as ?

Je sortis une liasse de biftons verts de ma fouille.

La pute s'alluma vilain.

— C'est tous des Franklin ?

— Presque tous.

— Viens !

Elle pivota et marcha au fond d'une impasse. Des odeurs d'épices et de crasse se chicanaient à qui l'emporterait. Je regardais le gros cul de la noirpiote qui tendait la jupette. Un vrai pétard de 14 Juillet ! Il se balançait nonchalamment. A force de le fixer, j'en apercevais six ou dix ! Une vraie sarabande de fesses ! Plus affriolante qu'une sarabande de cons !

Chez elle, c'était du genre candide, avec plein de fanfreluches et de coussins. Pas d'une propreté helvétique, mais enfin on pouvait faire avec.

Défaillant, je m'assis sur le canapé de travail. Il poussa un cri de protestation.

La môme m'examina à la lumière de ses loupiotes de baraque foraine.

— T'es pas contagieux, au moins ? demanda-t-elle, inquiète.

— Pas plus que toi !

— Tu m'allonges le Franklin ?

Je repris ma liasse, l'épluchis d'un bifton. Le père Franklin, dans son médaillon, avait l'air d'une vieille grand-mère à jabot. Elle le griffa d'un beau geste putassier. Exactement le geste contraire à celui, auguste, du semeur.

— Tu le fous pas dans ton bas, comme le faisaient jadis les putes de chez nous ?

— J'ai pas de bas. Bouge pas, je le dépose à côté, chez mon frère.

Elle sortit, laissant la porte ouverte. Je fermis à nouveau les yeux et glissa dans le potage.

Des chuchotements me ramenèrent sur la rive. Je fis un effort pour rouvrir mes vasistas. Aperçus la pétasse avec un grand gaillard, genre basketteur comme gabarit. D'ailleurs il portait un survêtement bleu avec des bandes blanches et un énorme « L » sur la poitrine.

— Oui, oui, c'est sûrement lui, dit-il.

Bon, je compris que c'était scié. La tapineuse, en allant mettre son bouquet au frais chez le frelot avait dû mentionner ma couleur verte et ce grand con avait entendu les informations.

Je constatai qu'il tenait une matraque dont il se tapotait la cuisse.

Réalisant que je venais de récupérer mes esprits, il déclara :

— Voilà ce qu'on va faire : vous me remettez votre rouleau de dollars et je vous laisse filer; sinon je vous assomme, je pique les banknotes et Betty va chercher les flics. Choisissez ce que vous préférez, vous avez deux grandes secondes pour réfléchir.

— Je suis malade à crever, objectai-je.

— Ça se voit. Bon, réponse?

— O.K. pour la première solution, mec.

Je me plaçai de côté pour me lever. J'étais franchement à bout de course. Je fis une embardée que jc rattrapai in extremis, sortis une fois de plus la liasse magique de ma poche et la tendis au grand diable; mais je tremblais tellement que je la laissais tomber avant qu'il ne s'en saisisse. Il plongea pour la ramasser. C'était trop beau. Malgré mon délabrement, je lui ajustai un coup de latte dans la tronche. Il piqua du nez, tomba en biais, mais il n'était pas assaisonné pour de bon. Alors j'empoignis la jolie lampe de chevet, style années 20, et lui en portis deux grands coups sur la nuque. Puis je raflis ma fameuse liasse. La pute s'était sauvée en clamant comme quoi « *Help! Help!* » Fallait pas moisir.

J'ouvris la fenêtre du studio, m'étant souvenu qu'il se trouvait au premier étage de la masure. Elle donnait sur l'impasse. J'enjambis et regardis le vide. Pas plus de trois mètres. Je sautis. Atterris sur du mou qui était la pute sortant de la crèche.

Un film ! songeai-je. Elle gisait, inerte sur le sol, avec une grosse plaie pas belle à la tempe. Quel gâchis (Parmentier). Je confectionnais une hécatombe. Déjà je ne me rappelais plus le nombre des gens que je venais d'estourbir en moins d'une plombe. Attila !

C'est à cet instant que j'eus une très belle idée. Elle me fut dictée, je suppose, par mon état de santé déficient. Je ne me sentais pas la force d'aller plus loin. Donc, le mieux était de rester sur place.

Je regardai autour de moi. Les cris de la péripatémarconiticienne semblaient n'avoir alerté personne. Je réunis mes forces et me mis à hisser la gonzesse jusqu'à son logis. De temps à autre elle poussait une légère plainte.

L'ascension, pourtant brève, me fut infernale. Une fois de retour au studio, il ne me restait plus suffisamment d'énergie pour décacheter une enveloppe. Mais comme j'avais pas de courrier à lire, ça ne tirait pas à conséquence. Tant mal que bien, je réunis des liens en coupant les cordons de rideau et en lacérant des draps. Et puis je ligotis le frère et la sœur et les bâillonnai : pas qu'ils me fassent chier la bite avec leurs cris ou autres plaintes ! Merde ! j'avais besoin de repos.

A tout prix !

Ce bonheur, mon neveu, lorsque je m'allongis sur le canapé après avoir largué mes tartines, mon bénouze et ma veste ! Je crois bien que ce fut un des instants culminants de ma vie. Je ne pensais pas plus loin que mon sommeil.

J'allais enfin dormir, et cela seul importait.

Dormir à en mourir !

Le pied !

***

On devait frapper depuis lurette, espère. Ça faisait une tinée que je rêvais des trucs affreux, comme quoi de méchants soudards investissaient notre pavillon de Saint-Cloud, enfonçant les lourdes l'une après l'autre pour atteindre la pièce où m'man, Toinet et moi on s'était retranchés.

Je suis parvenu à dégoupiller mes lampions. Un soleil carabiné jouait au con dans le studio enfanfreluché de la pute noire. Ça remuait sur le plancher. Le frangin et sa frelote avaient récupéré leur lucidité et essayaient en loucedé de se désenrubaner ; mais j'avais serré fort, malgré ma fatigue, selon une technique éprouvée de poulet de choc et ils ne parvenaient pas à grand-chose.

Ça me comblait d'aise de les retrouver intacts. Un instant, j'avais craint que la môme eût quelques vertèbres nazées par mon poids qui lui avait chu dessus à l'improviste.

Je me suis mis à bâiller. Me sentais cotonneux encore, mais nettement mieux ; en cours de calfatage. Je suis allé mater ma frite dans la première glace venue. J'étais moins vert, plutôt jaune. Commako, je faisais carrément jaunisse, c'était un peu moins impressionnant que ma couleur martienne de la veille. J'ai regardé l'heure. Ma montre marquait quatre heures dix. A cause du soleil ça ne pouvait être du matin ; donc j'en avais concassé pendant près de vingt plombes. Un bail ! Pas surprenant que je me sente requinqué.

Sur le palier, on tambourinait toujours. Une voix de femme appelait :

— Betty ! Betty, tu es là ?

Et puis la voix disait à quelqu'un d'autre :

— Il lui est sûrement arrivé quelque chose : je ne l'ai pas vue de la journée et on avait rendez-vous toutes les deux avec un vicieux du pétrole qui aime le truc à trois !

La fille a repris :

— Chez son frangin non plus ça ne répond pas.

Ça fonçait sur les giries pernicieuses. Le temps de se concerter et ils allaient quérir un flic ou un serrurier ; peut-être même défoncer la lourde pas plus épaisse qu'une hostie. Rien que leurs coups de poing la fissuraient en son milieu.

Alors j'ai fait ni une ni deux : houp ! la fenêtre, comme la veille, en espérant que personne cette fois-ci déboulerait de l'immeuble.

Je me suis mal reçu et il m'a semblé qu'on me branchait un courant de mille volts dans la jambe droite. J'ai taillé la route rapidos, mais une voix s'est mise à gueuler :

— Hep ! là-bas, qu'est-ce que vous fabriquez !

Au lieu de me retourner, je me suis mis à courir de mon mieux en traînant la pattoune. Le cauchemar recommençait.

J'ai avisé un taxi à une station, au bord d'un jardin public planté de bananiers. Dans le centre y avait une statue de bronze à la con encadrée de deux palmiers.

Comme je me dirigeais vers le bahut, un flic en uniforme a débouché et s'est planté à quelques mètres de la voiture. Il paraissait prendre le vent, tel un chien de chasse détectant le pet d'un lièvre. J'ai rebroussé chemin et je me suis acheté un chapeau de paille dans une boutique où l'on vendait un tas de bimbeloterie pour touristes hyperglandeurs. Sur le ruban, y avait écrit : *I love San Antonio.* Une profession de foi ! Merci pour moi. Je n'aurais qu'un tiret à ajouter au feutre rouge entre San et Antonio pour me personnaliser le bada.

Sous le large bord, mon teint d'hépatique semblait moins virulent. Certains Mexicanos étaient davantage foncés que moi.

J'allais d'un pas nonchalant. La faim me poignait. J'achetai deux espèces de beignets arrosés de sauce tomate à un marchand ambulant et les bouffis avec la voracité d'un clébard venant de parcourir les landes. Le marchand m'avait fourni une serviette de papier avec les beignets. Je m'essuyis la bouche, puis les doigts, roulis la serviette en boule et la jetis sur le trottoir.

A cet instant, une voiture stoppa à ma hauteur et trois flics baraqués comme des grizzlis en sortirent pour se précipiter sur moi. Mon instinct m'avait affranchi du coup. Le bruit du coup de frein et je savais qu'il allait pleuvoir des véroleries. Je trouvis néanmoins le temps de réfléchir. Relativité stupéfiante du temps. Mon conseil de guerre ne dura probablement qu'une fraction de seconde, et pourtant il me parut aussi long qu'une conférence russo-américaine sur le désarmement.

J'aperçus l'hôtel *Banana* sur ma gauche. Style

colonial pourri. Une porte à tambour. Un hall triste à chier sous soi, avec un gigantesque ventilateur au plafond.

Je bondis. La porte tournit en grinçant. Un doux vieillard en bras de chemise, coiffé d'une gapette à longue visière s'apprêtait à sortir. D'un croc-en-jambe, je le fis choir et l'allongis dans un quart d'ouverture. Juste les flics y allaient au rush héroïque, s'ils poussaient avant que le dabe soit relevé, ils risquaient de le casser en deux comme un gressin, d'autant qu'il devait avoir les os vermoulus, Pépère.

Cela s'opéra en moins de temps qu'il n'en faut à un communiste pour dire tout le bien qu'il pense d'un socialiste.

Je traversis le hall en quelques admirables enjambées, sous les regards surpris de deux employés sang-mêlé. Sur la droite, se trouvait la salle à bâfrer. Des vieillardes jacasseuses y buvaient le thé en grignotant des pâtisseries confectionnées avec du plâtre et des couleurs à l'eau sans danger. Comme elles se racontaient les fausses couches de leurs filles, elles ne prirent pas garde à moi. Je franchis la pièce sans perdre de temps à admirer les fresques représentant un coucher de lune sur la San Antonio's River. Pile comme je parvenais à l'autre bout, les poulardins surgirent.

— Halte ! aboyèrent-ils.

Je n'en eus cure, comme on dit à Vichy, me jetai sur une porte à va-et-vient et débouchis dans les cuisines. D'un coup d'œil je mesuris mon manque de bol. Le vaste local ne comprenait que deux issues : celle que je venais d'emprunter, et une autre, à gauche. Seulement cette seconde était provisoirement obstruée du fait de deux marmitons qui se cassaient la nénette à y faire passer un énorme chariot métallique aux casiers emplis de vaisselle. Outre ces deux gâte-sauce (et gâte-fuite) ne se trouvaient présents qu'un cuistot occupé à fourbir d'énormes casseroles de cuivre et un plongeur noir en short et tee-shirt.

Les flics déboulèrent. Ils y allaient au pas de course. J'empoignai l'anse d'un énorme chaudron posé sur le feu, dans lequel floflottaient des denrées confuses. Je décrivis une pirouette, tout en bandant mes forces. Le chaudron d'au moins trente litres glissa sur la surface lisse et noire du *piano* et partit en direction du trio.

Ce qu'il contenait était en train de bouillir et ils le dégustèrent en pleine poire. Ils se mirent à hurler. Le moins atteint eut la présence d'esprit de décharger son feu dans ma direction tout en gueulant plus fort qu'un kamikaze au volant de sa torpille lorsqu'elle est sur le point d'emplâtrer un cuirassé.

C'était pas ma fête ! Les bastos, tel un essaim de frelons dérangés, me houspillaient de première. J'en avais dans les tifs, elles me pinçaient les oreilles, me traversaient les manches, me chatouillaient le cou. Fallait être drôlement pote avec le Seigneur pour ne pas morfler, ou alors avoir un éditeur qui paie bien, ce qui revient un peu au même, d'un certain point de vue.

Quand l'escogriffe a eu vidé son magasin — ce qui ne lui prit qu'une pincée de secondes —, il poussa derechef (de gare) une nouvelle clameur, genre judoka celle-là, et me plongea dessus. Je me baissis à temps, me relevis lorsqu'il fut sur mon dos, donnis un monstre coup de reins, pour me défaire de cette charge, à la suite duquel le flic repartit dans une trajectoire et atterrit malencontreusement — pour lui — le cul dans le bac à friture encore bouillante bien que le service fût achevé depuis longtemps. Il plongeait son séant dans l'huile, gardant les jambes pendantes hors du vaste récipient.

Ça grésillait terriblement et, par ma foi, bien que je n'eusse jamais éprouvé le moindre instinct anthropophage, je dois admettre que l'odeur de couilles et de cul grillés aurait été intéressante si elle n'avait été souillée par celle des fringues passées à la grande friture. La douleur du pauvre (ex) homme fut telle qu'il perdit connaissance au milieu du plus sinistre, du plus lamentable des cris de souffrance.

N'écoutant que mon altruisme, et sans crainte des éclaboussures éventuelles, je courus le saisir par les bras et l'arrachis à sa fâcheuse posture. Il bascula en avant, s'écrasit sur le carrelage.

Ses potes, préoccupés par une soudaine cécité consécutive au contenu du chaudron qu'ils avaient dégusté plein cadre, suppliaient qu'on leur vînt en aide. L'un d'eux, basané, s'adressait à la Vierge en termes pathétiques. Ils s'entre-télescopaient, butaient contre les plans de travail et se livraient à mille autres simagrées que, par respect humain, je renonce à rapporter dans cet ouvrage sérieux. J'enjambis le flic frit, puis le cadavre du plongeur en short, lequel avait hérité l'une des balles qui m'étaient destinées, et me jetis sur les deux marmitons toujours agrippés à leur putain de chariot à vaisselle.

— Intéressant, hein? leur dis-je. C'est mieux que *Dallas* et *Dynasty* réunis.

Je me mis à tirer sur le chariot pour dégager le passage. Dès que l'espace fut suffisant, je repris ma débinade.

Un couloir qu'on aurait déjà dû repeindre au moment de l'annexion du Texas en 1848, me conduisit sur l'arrière de l'hôtel. Des employés, alertés par les coups de feu se pointaient avec prudence.

— Vite ! appelez des ambulances, il y a de la casse, leur lancé-je. Ces cons de flics font n'importe quoi quand on cesse de les surveiller.

Je trouvis une issue.

L'empruntis.

Le soleil était toujours à pied d'œuvre. Il mettait une fumante ramonée sur la ville. Le coup de feu de cinq heures avant de baisser le thermostat d'ambiance.

Je trouvais l'affaire de plus en plus incohérente. Le temps de traverser ce vieil hôtel enchifrené, un type était mort, un autre déburné à vie et deux autres encore bons pour la canne blanche. Une contrée pas fréquentable, vraiment ! Je pigeais mal que les Russes convoitent un pays pareil.

J'avisis un taxi. Cette fois, y avait pas de perdreaux en vue. Je pris place. Un Noir, joli garçon, portant une chemisette bleu clair à manches courtes lisait un canard sportif en attendant des feignasses.

Je pris place à l'arrière de sa tire.

— Vous faites les courses longue distance ? je lui demandis.

— Ça m'est arrivé, convaint-il, ce serait pour où ?

— New York.

Il eut un superbe rire que, merde, je l'aurais flashé, pour le fourguer aux publicistes de chez

Colgate ou Gibbs, je m'en fous, je me lave les dents au jaune d'œuf.

— Qu'est-ce que c'est que cette connerie ? me demanda-t-il dans son rétroviseur.

Moi, j'ai horreur de parler à un rétroviseur.

— C'est pas une connerie mais un caprice. J'ai de quoi me le payer, regardez !

Je brandis ma liasse par-dessus son épaule et la lui fis respirer comme à la baronne douairière un flacon de sels. Ci-devant douairière ! Il prit alors la peine de se retourner et me regarda en détail.

— Vous auriez intérêt à louer une bagnole, patron.

— Je déteste conduire.

— Vous savez qu'il faut au moins trois jours pour N.Y. ?

— J'ai tout mon temps.

Pendant qu'on bavassait, un boisscau dc poulets a déboulé d'une chiée de véhicules divers aux sirènes hurlantes. Je n'ai pas bronché.

— Dites, votre caprice serait pas en relation avec ces messieurs, patron ? D'ailleurs, me semble avoir vue votre portrait parlé dans le *San Antonio Times,* ce matin. On racontait que vous aviez la figure verte. Elle n'est plus exactement verte, disons que le bleu s'en est allé et qu'il reste le jaune.

J'ai soupiré.

— Allez décarre, petit gars, on continuera la conversation ailleurs.

Mais on ne la lui faisait pas avec juste l'index appuyé dans le creux de la nuque. Il a agi avec promptitude. De la main gauche il a ouvert sa portière et s'est jeté hors de l'auto en se tenant accroupi. Un félin ! Il s'est mis à héler les roycos :

— Hep ! Vite ! Il est là !

Moi, tu me connais ?

J'étais peut-être moins souple que ce garçon, pourtant, dans les cas graves où je fais appel à moi, j'ai du répondant. En deux coups les gros j'avais franchi le dossier de la banquette avant et me trouvais assis au volant. Le gros sapin jaune a démarré comme un hors-bord. J'ai juste eu le temps de voir le grand Noir cavaler au-devant d'un flic en me désignant du doigt. J'ai enquillé la première rue à droite, et ensuite j'ai viré au gré de la circulance, le pied au plancher. Je me disais que je ne devais pas compter aller loin, mais seulement m'arracher de la zone dangereuse. Le mieux c'était de mouler ma charrette fantôme avant d'avoir les archers au fion.

J'ai trouvé ce qu'il me fallait : un grand jardin public. J'ai foncé sur la pelouse, slalomant pour éviter des gosses médusés. A l'autre extrémité, se trouvait la San Antonios' River, pas large, riante, aux berges bordées de plantes tropicales. Un couple venait de débarquer au ponton et s'apprêtait à attacher une légère barque à moteur. La gonzesse tendait la corde à son julot.

— Pas la peine ! leur ai-je crié.

Ils se sont immobilisés pour me regarder venir. J'ai couru sans ralentir jusqu'à eux et les ai virgulés dans la tisane d'une double bourrade. Qu'ensuite l'embarcation était mienne comme on disait dans les romans guimauves d'autrefois, en parlant de la frangine que le bioutifoul saint-cyrien venait de s'emplâtrer.

Les amoureux barbotaient dans la baille un tantisoit cloaqueuse. Le gars me gueulait contre, ce qui le forçait à avaler davantage de flotte qu'il ne lui en fallait pour son pastis du soir. D'un coup de tirette, j'ai lancé le petit Johnson cinq chevaux. Il était tout chaud et ne demandait qu'à frétiller. Ça donnait une curieuse sensation de vitesse de tracer sur l'étroit cours d'eau. Y avait que ça de romantique, à San Antonio, plus les ruines de Fort Alamo.

J'ai éclaté de rire. C'était la nervouze. A force de jouer dans du Mack Sennett une frénésie cocasse me gagnait. Je devenais une espèce de héros pour bande dessinée. Je me suis dit que je devais réitérer le coup du taxi, c'est-à-dire pas farnienter à bord de ma gondole. Au bout de huit cents mètres, apercevant d'épais bouquets de plantes aquatiques, j'ai mis au point mort, sauté de la barque et relancé le moteur. J'ai pas pu m'empêcher de la regarder se tirer, seulabre sur la rivière enchanteresse. Le bateau ivre ! Elle cognait d'une rive à l'autre, se remettait un instant dans le milieu du faible courant et recommençait ses titubations. C'était joli, gracieux, tu vois ?

Mais bon, j'étais pas là pour faire joujou. Si je parvenais à réparer mon destin charançonné, je m'offrirais un bateau téléguidé et j'irais le manœuvrer sur le bassin des Tuileries.

Pour l'instant...

Une fois sorti du boqueteau de plantes, je me suis rendu compte que je me trouvais dans un quartier plutôt sinistre. Des entrepôts en ruine dressaient leurs carcasses de briques décolorées par le soleil. Une colonie de punks y avait élu domicile.

Ces gars-là m'ont toujours fait marrer. Ils se donnent un mal de chien pour se singulariser, avoir des mines et des mises d'une autre planète et tout ce qu'ils réussissent c'est à prendre des airs de connards paumés, plus ahuris qu'inspirés. Ils bivouaquaient dans une formation semi-romanichelle, en cercle autour d'un grand glandeur habillé d'un drap blanc, le crâne rasé sauf une mèche à la Attila (les Huns et les autres), et qui avait un crucifix en technicolor peint sur la figure.

Le prophète en question annonçait la fin du monde pour bientôt, avec déboulée de l'antéchrist, qu'on allait tous en chier des pendules ou des boulons rouillés. Les autres comateux l'écoutaient, plus ou moins attifés de l'uniforme punk, car les tordus n'ont rien de plus pressé que de se sabouler pareillement pour être certains de ne pas se perdre. Cheveux en crinière de *horse guards* teints en vert, rose ou violet, gilets cloutés, gants sans doigts, chaînes en tout genre et surtout, au grand surtout, boucles d'oreilles.

Que moi, ça me fait chialer de la sécotine quand je rencontre un petit gars avec *sa* boucle personnalisante. Pas seulement chez les punks, mais un peu partout. *Faire genre,* comme on dit dans mon natal pays. *Faire genre,* c'est-à-dire coûte que coûte s'élaborer une personnalité, comme si un peu de quincaille au lobe suffisait à marginaliser un gonzier, à affirmer un esprit libertaire ou une volonté d'originalité !

Oh ! les chers pauvres trous-du-cul sans poils ! Oh ! les pauvres zéros terrifiés par l'infini de leur néant. Ce ne sont pas des nantis, mais des néantis. Des anéantis ! Foutus au départ, en cours de route et à l'arrivée. Inimportants à jamais ! Glaireux corps et âmes ! Pets légers perdus dans les bourrasques.

Pauvrets, pauvrissimos, moins que moins, riens marqués à l'oreille du signe de l'impuissance congénitale irréversible. Mes biquets, mes minuscules cons, mes attendrissantes nullités! Comme je prierais pour vous si ça pouvait servir à quoi que ce soit. Mais soyons logiques : si Dieu vous a permis si cons, c'est qu'il en a vraiment rien à cirer de votre triste troupeau panurgique.

Et je me dirigis vers le campement de faux bohémiens sans guitares. Ne voulant pas troubler la débloque du prophète, je m'assis en tailleur parmi les autres.

J'ôtis mon veston et, au moyen de mon canif, en décousis les manches ainsi que le col. Je nouas ma cravate autour de ma tête, à l'indienne. J'avais repéré une nana à longs tifs, camée jusqu'entre les doigts de pied. Rampis jusque z' à elle et lui demandis si elle n'avait pas des fards à me prêter. Elle en avait, la chérie, étant toujours femelle, malgré sa déchéance.

Dotée, de surcroît, d'un tempérament artistique, elle me proposa de me maquiller. J'acceptis. Elle exécutit alors sur ma mâle figure une fresque savante, digne d'un trottoir parisien. Cela, j'eus l'occasion de le constater par la suite, représentait un coucher de soleil sur une plage d'Honolulu. Superbe! Mes yeux devinrent des lanternes chinoises, mon nez la pointe d'une case et ma bouche son entrée.

Comme elle m'avait à la chouette décidément, elle m'offrit une chaîne en aluminium bleu, de toute beauté, que j'entortillis à mon cou.

Plus tard, une horde de flics déboulèrent dans

l'entrepôt. Le prophète jactait toujours. Il racontait les projets démoniaques de Celui qui allait balancer le monde au fin fond des abysses.

Les draupers lui dirent de fermer sa putain de grande gueule de merde (traduction approximative) et questionnèrent l'assistance pour savoir si elle m'avait vu (ils me décrivirent là encore approximativement). Les punks grommelèrent que non, ma dessinatrice sur tronche plus fort que les autres et se tournant vers moi, me demanda si je m'étais vu. Je répondis que je m'en branlais. Les flics nous déclarèrent alors qu'on stationnait sur une propriété privée et que, sitôt qu'ils auraient un peu de temps à perdre, ils viendraient nous déloger d'ici avec leurs chiens, histoire que ces médors se fassent un peu les crochets.

Ils partirent. Personne ne me fit la moindre réflexion. Les punks m'avaient presque oublié. Je sortis en douce un verdâtre de cinquante pions et le brandis en annonçant que j'offrais une tournée générale. Ça ne les excita pas outre mesure. Le billet demeura sur le sol. Je n'osais plus le reprendre. Ce fut ma compagne qui finit par le griffer, beaucoup plus tard. Elle me proposa de me faire une pipe. Je lui répondis que j'avais déjà donné. Alors elle m'offrit un reste de joint. Et pour ne pas la désobliger j'en tirai deux bouffées de politesse.

*
**

Je passis deux jours avec mes potes à crinières. Ils me toléraient comme un cul tolère le thermomètre : provisoirement. Personne ne me parla en dehors de

Patti, ma copine maquilleuse. Ils avaient pigé que j'étais traqué et m'accordaient aide et assistance, mais sans me témoigner la moindre sympathie. Ma qualité d'*outlaw* ne les épatait pas. Le soir, en compagnie de la gosse, j'allai acheter de la bectance et de la bière. Nous posâmes les provisions au milieu du cercle et prîmes ce qui nous convenait ; d'autres en firent autant.

Ça fumait beaucoup dans la coterie et ça baisouillait à tout propos, sans pudeur. Un gus avait envie de se faire une sœur, il lui ouvrait les jambes et s'agenouillait entre, tranquillos. Il se paluchait un chouïa avant de plonger. Parfois, c'était l'une des péteusses qui faisait la visite des braguettes, à la recherche d'un paf de bonne volonté. Sympa. La vie coulait sans secousses.

Cela, je te le répète, dura toute la journée du lendemain, puis encore celle du surlendemain. La fine équipe continuait de camper dans les ruines de l'entrepôt. La nuit, de vilaines bestioles faisaient du cross-country sur nous. Les autres, sniffés à bloc, ne réagissaient pas et j'étais le seul à chasser à courre. Comme la môme Patti s'en ressentait pour ma pomme, je finis, la seconde nuit, par lui accorder ce que sa gourmandise l'incitait à me réclamer. C'était la moindre des choses (pas la chose en question, mais de lui en autoriser l'accès).

Bon, une dernière fois je te le dis : je vécus quarante-huit plombes parmi ces zigotos.

Ce fut à la fin de la seconde journée que l'événement se produisit.

A la lisière du terrain vague, une bagnole blanche stoppa. Un homme grand et massif, avec les cheveux blancs, en descendit. Il portait un smoking noir. Sa démarche était calme et élastique à la fois. Il s'avança vers nous, s'arrêta à mi-chemin pour allumer un cigare. Il m'expliqua par la suite qu'il était très sensible aux odeurs et que c'était pour pouvoir affronter celle des punks qu'il s'était mis à fumer un havane avant de venir au groupe.

Il prit tout son temps, roulant le Davidoff Number One entre ses doigts pendant qu'il le présentait à la flamme de son allumette. Il le téta à plusieurs reprises, s'enveloppa de sa fumée comme d'une cape (c'est d'ailleurs le nom de la robe du cigare) et continua d'avancer.

Il ne chercha pas et vint à moi sans la moindre hésitation.

— Salut, San-Antonio, me dit-il. Je crois que ça suffit comme ça. Venez!

Je me levai et le suivis.

Bon Dieu, pourquoi montrais-je une telle docilité avec cet homme? Cela devait venir de son regard clair, intense, et sûrement aussi de sa voix douce et profonde. Il détenait peut-être un certain pouvoir hypnotique, après tout?

Les punks ne s'intéressèrent pas davantage à mon départ qu'ils ne s'étaient passionnés pour ma venue.

Seule Patti me lança :

— Hé! tu vas revenir?

Je fis, sans me retourner un geste vague qu'elle pouvait interpréter à sa guise. Les séparations constituent une des chieries de l'existence et quand on peut les éluder, il ne faut pas s'en priver.

Duck marchait sans forcer l'allure, mais ses

enjambées étaient si grandes et régulières qu'il ne tarda pas à me distancer.

Il parvint le premier à la bagnole blanche, une Mercedes, et prit place à l'arrière. Lorsque je le rejoignis, il me fit signe de monter près de lui. Au volant se tenait une ravissante fille blonde, vêtue d'une combinaison noire et coiffée d'un béret style para d'opérette. Quand je fus installé auprès de Duck, elle mit en route. Elle devait savoir où aller car elle démarra sans attendre d'instructions.

Il y eut une période de silence. Duck laissait le cigare se consumer entre ses doigts en fourche. Lorsque sa cendre mesura cinq centimètres, il la secoua dans le cendrier. Puis il se le colla dans la bouche et se mit à parler, comme si d'avoir la clape encombrée déclenchait son élocution :

— Beau début, San-Antonio.

— Vous trouvez ?

— Le Big trouve. Vous avez franchi les premiers tests avec succès. Vous vous êtes tapé deux bouteilles de rye et une vieille peau. Tous les flics d'un Etat ne vous font pas peur. Vous êtes capable de vivre avec des cancrelats, de neutraliser qui se met en travers de votre route, de ne pas paniquer quand vous êtes malade avec la gueule verdâtre... C'est positif. Très positif.

— Seulement à présent, me voilà hors la loi avec des chiées d'inculpations qui la foutent mal !

— Non.

— Comment, non ?

— Quand on est dans la manche du B.B., ces bricoles ne comptent pas.

Il abaissa sa vitre de quelques centimètres et balança son cigare à peine entamé sur la chaussée.

— Le Big veut vous rencontrer, déclara Duck ; vous allez probablement vous lancer dans le sérieux.

Je rêvassais en considérant ma gueule peinte en calendrier des postes dans le rétroviseur. La conductrice ne faisait pas attention à moi. Nonobstant les flics, personne à vrai dire ne paraissait fasciné par ma personne.

— Qui a buté Herminia ? demandai-je tout à trac.

— Un de nos spécialistes en effets spéciaux.

— Ça signifie quoi, qu'elle n'est pas morte ?

Il haussa les épaules.

— Ne commencez pas à gaspiller votre capital crédit, San-Antonio. Au B.B., quand on pose des questions, c'est pour se faire préciser les ordres.

## FAIS-MOI LE DEVIN

Nous arrivèrent sur un héliport où plusieurs appareils de modèles variés étaient posés telles des libellules sur une feuille de nénuphar. La voiture se rangea devant un club-house pimpant.

— Allez faire un peu de toilette, conseilla Duck. Dans le coffre il y a un grand sac avec des vêtements neufs ; prenez-le ! Je vais vous attendre à la cantine en mangeant un steak.

La conductrice m'ouvrit la malle arrière et me pilota en direction de la partie « sanitaire » du club. Outre les toilettes, elle était équipée d'un vestiaire avec salle de bains attenante.

Je m'offris une douche prolongée, très chaude d'abord et mousseuse à souhait car j'avais de la peinture et pas mal de crasse à décaper. Je m'en offris une deuxième, froide celle-là, pour me fouetter le sang. Après quoi, j'inventoriai le sac. Il contenait un ensemble pantalon de flanelle grise, blazer écossais dans les vert et noir, une chemise blanche à col ouvert, des chaussettes et des mocassins souples. Le tout m'allait poil-poil. Je transvasai fric et papiers de mes anciennes loques dans ma tenue fashionable, puis allai me planter devant la grande glace. Brummell ! J'en jetais comme un projo de défense antiaérienne. Il ne restait plus trace de mon teint de grenouille. Jamais je n'avais été à ce point rutilant. Pour un peu, je serais entré dans un bureau de tabac pour y acheter une pochette de papier correspondance afin de m'écrire séance tenante une lettre d'amour. Franchement, je me trouvis superbe.

En quittant le vestiaire, je tombis sur la conductrice de Duck qui m'attendait en fumant une cigarette, ses jolies fesses bloquées contre le lavabo.

Elle fut déroutée en m'apercevant, preuve que ma modification était totale.

— Je suis davantage opérationnel, n'est-ce pas ? lui fis-je en m'approchant d'elle. Heureusement que j'étais sous garantie : pièces et main-d'œuvre !

Délicatement, je retiras sa cousue de ses lèvres et lui proposis les miennes qu'elle accepta sans ambages. Nous échangeâmes un de ces baisers sans passion, purement épidermiques, mais qui font encore davantage de bien aux bronches que les pastilles Pulmoll contre la toux.

Comme ça lui plaisait, je lui plaçai une main fureteuse partout où il y avait du modelé sur sa géo (et y avait pratiquement que ça !). Elle réagissait bien. Une vraie montre suisse.

— Peut-être serons-nous de revue, rêvai-je, car il serait dommage de laisser perdre un moment de cette qualité. Comme nous aurons écrit le préambule, la prochaine fois nous pourrons entrer de plain-pied dans le vif du sujet.

Elle eut un sourire énigmatique et m'escorta jusqu'à la salle de restaurant. Duck avait achevé son repas et lisait le *Financial Times*. Il le lisait avec ce détachement dont font montre en pareil cas ceux qui sont mieux informés des choses financières que le journal lui-même ou ceux qui en ignorent tout.

Il me coula un regard rapide par-dessus l'imprimé.

— Le changement est appréciable, approuva-t-il ; je suppose que vous avez faim ? Nous décollons dans vingt minutes, ça vous laisse le temps d'avaler quelque chose...

J'optai pour un grand café et des hot dogs. Ça me démangeait de lui demander où nous allions, mais comme il n'aimait pas les questions, je remis celle-ci dans ma culotte où elle se trouva en superbe compagnie (1).

Duck plia son journal et le glissa dans une grande pochette de croco qui devait sortir de la Cinquième Avenue (pas le crocodile, la pochette à laquelle il avait participé).

— Vous écrivez, n'est-ce pas ? me dit-il.

— En effet, pourquoi ?

— Si vous entrez dans le cénacle, il faudra perdre cette habitude.

— Bien que les questions soient prohibées, puis-je vous demander pourquoi ?

— Quand on se consacre au B.B., on lui consacre tout, y compris sa discrétion.

On me serva deux hot dogs moutarde qui ressemblaient à des sexes de coiffeurs pour dames après usage.

(1) *Ne jamais perdre une occasion de mettre en évidence ses avantages, sinon personne ne le fera à ta place.*

San-A.

— Sur le rapport qui nous a été adressé à votre sujet, les avis concernant vos opinions politiques sont très différents. Certains, en France, vous croient à gauche et d'autres écrivent que vous êtes anarchiste de droite. Votre avis ?

— Mon avis, mister Duck c'est que les uns et les autres sont, quelque part, n'importe leur culture, des cons profonds et pas heureux. Vouloir classer la pensée d'un écrivain comme moi est d'une outrecuidance miséreuse qui m'indignerait si je ne me foutais d'à peu près tout. Les hommes ont besoin d'étiquettes comme les pots de confiture et les étiqueteurs ne se donnent même pas la peine de goûter. Ils vous réputent « de fraise ou d'abricot » selon des critères auxquels ils se réfèrent distraitement, comme un pilote souscrit à sa check-list avant de décoller. La seule certitude que je sois en mesure d'apporter à ces trieurs de lentilles, c'est mon aversion totale pour tout ce qui est doctrinal. Quelques idées me séduisent, je les adopte, les aménage pour mon confort, les abandonne si je les trouve tout compte fait pas si probantes « que ça ». Je les attrape un peu partout, l'occasion faisant le larron. Il y a chez nous un personnage important qui s'appelle « la Mère Denis » et dont le leitmotiv est « Ça c'est vrai, ça ! ». Lorsque je lis certains journaux, de gauche, du milieu ou de droite, que j'écoute certains hommes qui leur correspondent, il m'arrive de penser « Ça c'est vrai, ça ».

« Peut-être est-ce en effet, une forme d'anarchie intellectuelle ; alors disons que je suis anarchiste. De droite ? En tout cas pas. De gauche ? En tout cas pas. Je suis un anarchiste que j'appellerais « à la noix » parce qu'il aime l'ordre dans la liberté. Ça, ce n'est pas une doctrine, mais un besoin élémentaire. Donc anarchiste de bon sens. Voilà la classification adéquate : je suis un anarchiste de bon sens, mister Duck. Pensez-vous que cela puisse cadrer avec le B.B. ? »

Il me désigna mes hot dogs merdeux.

— Vous devriez terminer votre truc : nous allons bientôt partir.

— Je crois que je vais y renoncer, dis-je. Ma faim est trop belle pour que je la gâche.

*
**

Le vol à bord de l'hélicoptère fut long. Ma montre s'était brisée au cours de mes pérégrinations dans San Antonio et je n'osais demander l'heure à mon compagnon. Hormis le pilote, nous n'étions que nous deux dans l'appareil. Duck dormit pendant tout le voyage. Il avait incliné son siège, ôté ses chaussures et placé un loup d'étoffe sur ses yeux pour se séparer de la lumière.

Je le regardais dormir (sa respiration régulière me donnait du moins à croire qu'il dormait) et j'admirais sa sérénité. Je continuais d'être intrigué par le charme mystérieux de cet homme, par son magnétisme, sa formidable autorité.

En moins d'une plombe nous atteignîmes le golfe du Mexique et fûmes à l'aplomb d'un port qui, d'après mon estimation, devait être Corpus Christi. Après quoi, l'appareil se mit à longer la côte, survolant une interminable lagune piquetée de propriétés blanches et de piscines bleues aux formes tarabiscotées.

Parvenu à l'extrémité de cette langue de terre, l'hélicoptère obliqua légèrement sur le large. Les eaux n'étaient pas « d'émeraude », mais d'un vilain jaune qui tirait carrément sur le brun à certains endroits.

Vaincu par la contagion, je finis par m'assoupir malgré le fort ronron du moteur.

Une sensation de descente me rendit lucide instantanément. Effectivement, l'appareil perdait de l'altitude. Au-dessous de nous s'étalait une gigantesque propriété qui, par ses dimensions, faisait songer à quelque palais de prince arabe. Il devait comporter deux étages et les tuiles creuses qui le couvraient étaient vertes. J'aperçus des patios dallés de marbre blanc, des jardins luxuriants, deux piscines, deux tennis, une quantité de petits bâtiments annexes, des bateaux de plaisance ancrés dans un petit port, un coral au centre d'une étendue engazonnée... Bref, l'hyperluxe. Que dis-je : l'hyperfortune. Cette propriété occupait toute une île passablement éloignée du continent qui formait une ligne bleu sombre à l'ouest.

Au-delà du coral, il y avait une piste d'atterrissage pour hélicoptères, cible de ciment rose dont le centre était marqué par un gros point vert, lui-même cerclé de rouge.

Nous nous y posâmes comme sur du velours. Duck retira son loup et réintégra ses godasses vernies. Pourquoi passait-il sa vie en smoking? De jour, cette mise équivalait à un déguisement.

Il n'y avait guère que les maîtres d'hôtel pour se loquer de la sorte depuis le matin.

Il déboucla sa ceinture d'une pichenette. D'un signe de tête, il m'invita à descendre.

Une Minimock jaune, décapotée, pilotée par un gars en livrée beige s'avançait vers la passerelle. Son chauffeur sauta de son siège et se tint debout près de sa caisse à roulettes. Il salua Duck d'une courbette. Merde, on tombait en plein esclavagisme!

Duck enjamba la carrosserie et s'assit. J'en fis autant. Aussitôt, le conducteur reprit sa place au volant et fonça en direction du palais.

L'air embaumait : rose et jasmin. On voyait s'affairer des jardiniers dans les massifs. L'un d'eux, juché sur une tondeuse-tracteur rasait un golf de neuf trous, au loin. Si c'était là la crèche du Big, je pigeais pourquoi il ne travaillait que pour les pays capitalistes.

La Mini longea une allée bordée de lauriers-roses et stoppa devant l'une des entrées du palais. Une fille blonde qui ressemblait à notre « chauffeuse » de naguère s'avança. Elle portait un short noir très moulant et un chemisier jaune sans manches déboutonné jusqu'à la ceinture. Une gravure de *Lui*!

— Bonjour, monsieur Duck! murmura-t-elle avec déférence.

— Hello! répondit laconiquement ce dernier.

Il me désigna :

— Occupez-vous de monsieur.

O douce musique!

Une fille pareille! Lui ordonner de « s'occuper » de moi!

— Elle s'appelle Tina, m'avertit Duck.

Elle pouvait s'appeler Incarnation ou Crotte-de-bique, je m'en tartinais ! L'essentiel était qu'elle réponde.

— Hello ! me lança la déesse d'un ton joyeux en entourant le mot d'un éclatant sourire à consommer sur place.

— Hello ! vagis-je, puisque ce mot, aux States, tient lieu de conversation.

J'avais la voix d'un transistor dont les piles sont nazes.

Duck s'éloigna dans une direction, Tina m'entraîna dans une autre. Ce palais était assez grand pour qu'on puisse y passer vingt ans sans y rencontrer sa femme ou son grand-père. Les serviteurs y pullulaient. Les hommes portaient des uniformes beiges, les filles étaient fringuées comme mon hôtesse d'accueil. On les avait sélectionnées soigneusement et le mec qui s'était occupé de leur recrutement possédait autant de discernement que Bernardin, du *Crazy Horse,* quand il s'agit pour lui de renouveler ses stripteaseuses.

Les vastes couloirs, dallés de marbre délicatement veiné de rose pâle, longeaient d'immenses pièces somptueusement meublées : des salons de musique, des bibliothèques garnies de livres aux somptueuses reliures, d'autres salons intimes, conçus pour le recueillement, des salles de jeux, d'autres d'exposition croulant sous les œuvres d'art. Jamais de ma putain de vie je n'avais arpenté un palais à ce point munificent.

Nous parvînmes à une intersection de couloirs, espèce de carrefour où se trouvait une rangée d'ascenseurs. Tina appuya sur le bouton de commande de l'un d'eux et la porte laquée de couleur ivoire coulissa pour nous proposer une cabine capitonnée de velours bleu galonné d'or. Un petit Renoir la décorait, qui représentait un visage d'enfant triste.

Au second étage, nous reprîmes notre déambulation au niveau des chambres. Je marchais en retrait par rapport à ma compagne pour pouvoir admirer pleinement sa silhouette magique et la douce ondulation de ses fesses pommées.

Elle stoppa devant une porte qu'elle ouvrit à l'aide d'une carte magnétique. Nous pénétrâmes dans une suite exquise qui se composait d'un salon, d'une chambre, d'un dressing et d'une salle de bains dans le volume de laquelle on aurait pu trouver un appartement confortable pour quinze travailleurs émigrés. L'ensemble était meublé design, les murs recouverts d'un tissu caramel (au lait) avec des gravures modernes.

Tina me fit l'honneur de ce séjour enchanteur, en termes professionnels de manager d'hôtel de luxe.

Quand ce fut fini, elle m'avertit que je devais souscrire à une petite formalité. Sans attendre mes questions, elle prit un collier dans un tiroir. Il aurait pu être signé Bulgari car il se composait d'une chaîne style gourmette comportant en son centre un petit disque de métal ; mais ce dernier n'était pas une pièce de monnaie ancienne, cela ressemblait à un mini-micro.

Elle me le passa autour du cou. J'en profitais pour poser mes deux mains sur ses hanches. Tina ne protesta pas et assura le fermoir du collier.

— Il faudra une clé spéciale pour l'ôter ! me dit-elle simplement à titre d'information.

La fable de La Fontaine *le Chien et le loup* me revint à l'esprit :

« Le collier dont je suis attaché en est sans doute la cause.

« Attaché ! dit le loup... »

On venait de m'attacher. Plus exactement de m'assurer autour du cou un mouchard qui rendrait compte de toutes mes paroles et de tous mes déplacements.

Esclave !

J'en ressentas tellement de honte que j'oublias de rouler à la môme la pelle gloutonne que je tenais à sa disposition.

Elle repartit sans avoir un seul instant cessé de sourire.

Pour réagir, je fis un tour du propriétaire. Un poste de TV géant se trouvait encastré dans un mur. Je le branchis. Je tombis sur la grande scène catastrophique de *la Tour infernale* quand elle crame de bas en haut et qu'un gonzier tente de la quitter par l'ascenseur extérieur. J'appuyis sur un second bouton, et j'eus droit à un puissant documentaire sur le tissage des poils de cul de bonzes chez les bouddhistes du Tibet. D'autres boutons me dégagèrent d'autres films. Je compris que cette téloche recevait ses programmes d'un circuit intérieur.

Je me rabattis alors sur le bigophone à touches. Près de l'appareil, un tableau imprimé sur plastique, indiquait les numéros à composer pour obtenir les différents services du palais : femme de chambre, coiffeur, sanitaire, dépannage tévé, room-service, massage, tennis, manège, stand de tir, sporting, etc. Nulle part il n'était question des manœuvres à exécuter pour « sortir » de l'île. De même que la télévision avait son autonomie, le téléphone ne desservait que le domaine. Je composis le premier numéro venu et je demandis l'heure à la personne qui me réponda. Il était 5 heures 18 de l'après-midi. Je remerciai chaleureusement ; ensuite de quoi j'allai à la porte. Elle n'était pas fermée à clé, ce que j'appréciais. Satisfait de cette découverte, je partis à l'aventure dans le palais.

Drôle d'aventure. Ça tenait du conte des Mille et Une Noyes avec un poil de science-fiction. Qu'allait-il se passer maintenant ?

Je descendis au rez-de-chaussée et me dirigis vers la bibliothèque. Elle était presque aussi vaste que la Nationale de la rue de Richelieu. Mais il ne s'y trouvait pas un grain de poussière. Tout était neuf, luxueux, savamment éclairé.

Les livres en anglais dominaient, pourtant il y en avait en espagnol, en allemand et en français ; parmi ces derniers, tous les classiques. J'optis pour *Richard III* du grand William. L'esprit démoniaque de ce fumier de Gloucester m'a toujours fait rigoler. La manière qu'il carbonise toute la royale *family*, l'artiste : frangins, neveux, épouses, tout y passe ! On suit l'agencement minutieux de ses perfidies et homicides. On se dit « quel dégueulasse, mais il va la décrocher la couronne à force de bousiller tout le monde, y compris les enfants d'Edouard ». Et puis tu sais quoi ? En une ligne et demie son sort est réglé, son histoire soldée. Tu lis : « Le roi Richard et Richmond entrent — Ils se battent — Le roi Richard est tué. »

Poum ! Terminé ! Au tas !

Moi je finis le présent *book* de cette façon, mon néditeur prend mon contrat, se torche le fion avec et me l'envoie en recommandé avec accusé-levez-vous de réception ! Je suis banni de la profession ! Expédié dans un mouroir au fin fond du Cantal. On fait des autodafés avec mes z'œuvres. On me reprend la grand croix de Légion d'honneur que j'ai jamais demandée malgré que j'eusse suffisamment de bons de la Semeuse pour l'obtenir. On empoisonne mon chien. On viole ma bonne ! On me retire mon permis de pêche, ma carte des lecteurs et celle de l'American Express. On cesse de me sucer. On me recrache !

Seulement, bon, Shakespeare, il pleure pas les imprécations avant d'en arriver là. Et c'est grand, c'est beau. Moi, je me contente de rouscailler. Lui, il agite les plaques de tôle ondulée en coulisse. Et martyrise la grosse caisse.

« Que le sommeil ne ferme jamais ton œil funèbre, si ce n'est pour qu'un rêve accablant t'épouvante par un enfer d'affreux démons ! »

Il l'envoyait pas dire, Willy, t'es d'ac ? Fallait pas essayer de lui tergiverser la prostate, à mister ! La manière qu'il t'envoyait des seaux de réplique pleine poire : « Calomnie douloureuse de la grossesse de ta mère ! » Et v'lan ! « Progéniture abhorrée des reins de ton père ! » Et vlouf ! Là, c'était du vrai brûlant. Des tronçons de bite incandescents ! De la diarrhée mêlée de sang corrompu !

J'en suis à la péroraison de la reine Marguerite quand une voix de rêve me susurre :

— Vous voulez bien me suivre, mister San-Antonio, le Big vous attend !

Une nouvelle amazone blonde en mini-short noir

est derrière moi. Je sens que je vais continuer dans le shakespearien !

*
**

Nous repremîmes l'ascenseur.

Pour le dernier étage cette fois.

Plus que le dernier, si je puis dire : « la » tour.

Elle n'était pas ronde mais carrée. Vitrée sur toutes ses parois. Y compris le toit ! Cela donnait une sensation aérienne assez troublante. Elle devait mesurer six mètres sur six, pas davantage. Elle était meublée de trois bureaux de verre, de sièges en plexiglas, d'appareils à écrans (il y en avait quatre) et d'un bar de verre fumé.

Trois personnages occupaient chacun des bureaux, disposés en triangle. Il me faut te les décrire, c'est important.

Le plus âgé des trois hommes devait approcher les soixante-quinze ans. Il était très grand, très maigre, très aristocratique. Son visage allongé était pâle, avec des rides verticales qui semblaient l'étirer davantage encore. Sans nul doute, ses cheveux très noirs étaient teints. Il les coiffait en se faisant une raie médiane impeccable et les aplatissait sur son crâne au moyen d'une gomina quelconque. Ses paupières lourdes et bombées dissimulaient son regard. Ses lèvres minces semblaient trop rouges pour que ce fût naturel. Cependant, il n'avait rien d'un homosexuel. J'hésitas à situer sa nationalité. Il pouvait appartenir à cette gentry sud-américaine qui fabrique de faux gentlemen anglais. Il portait un costume d'alpaga noir, admirablement coupé, une chemise blanche, une cravate grise. Un œillet rouge vif ornait sa boutonnière et une pochette de soie blanche débordait largement de sa poche supérieure.

Le second, toujours dans la chronologie de l'âge, semblait plus jeune que le précédent de quelques années. Il était courtaud, trapu, couperosé. Sa blondeur devait tirer sur le roux avant qu'il ne se mette à blanchir. Il avait l'œil bleuâtre, une profonde fossette au menton et des cils décolorés. Une énergie intense émanait de lui. Il paraissait en état de continuel mécontentement. C'était le genre d'homme qui s'attache aux travers de ses contemporains, les débusque au premier contact, et en extrait des provisions de mépris. J'aurais parié n'importe quoi contre autre chose qu'il était américain. Il portait un complet à carreaux d'assez mauvais goût, dans les tons champagne, et une chemise bleu foncé à col ouvert. Une énorme montre à bracelet d'acier alourdissait son poignet droit.

Le plus jeune des trois personnages avait néanmoins passé le cap de la soixantaine. Je le jugeai très beau avec sa chevelure grise, son teint bistre, son œil velouté, sa bouche charnue. On pressentait le voluptueux, le jouisseur. Il était mis avec élégance : blazer bleu marine, pantalon de flanelle grise, chemise bleu pâle, cravate à rayures bleues et noires. Un solitaire gros comme un testicule de mouton brillait à son auriculaire. Il devait être plus ou moins levantin, mais avec un max de discrétion. La classe !

Déboulant de l'ascenseur qui donnait directement dans la tour, je m'arrêtis, interdit, car je pensais trouver un seul homme.

Les trois personnages si différents m'examinaient

avec attention, sans la moindre gêne, comme on examine l'objet ou l'animal dont on songe à se rendre acquéreur.

— Bonjour, messieurs, dis-je.

Et puis j'attendas.

Ils ne se pressaient pas. Et moi, un vrai nœud volant, je restai bras ballants devant le trio, sorte de pute proposée à l'appétit de mâles blasés, attendant leur bon vouloir, ce qui est source de complexes et vous flanque une gaucherie incoercible.

— Lequel de vous, messieurs, est le Big ? finis-je par questionner.

Le blond-blanc-massif grommela :

— NOUS sommes LE Big.

Etrange réponse à la vérité. C'était la première fois que j'entendais dire « *Nous* sommes *le* ».

Instantanément, je révisa toute ma conception du « Big Between ». Il ne s'agissait pas d'un homme, mais d'un triumvirat. Le superman était en réalité une organisation. Dès lors, je ne pigeais plus quelle succession j'étais en droit d'espérer. Remplacer un individu, oui. Remplacer une institution, impossible ! Alors quoi ? En faire simplement partie ? Là, il y avait fausse donne, ce n'était pas indiqué dans les conventions initiales. On avait parlé de moi comme d'un dauphin, pas comme d'un *élément de plus*. A moins que ces trois messieurs qui commençaient à être chenus n'eussent décidé de remettre leur fonds de commerce à un seul homme ? Mais quand je me voyais dans cet immense palais ruisselant de luxe, quand je mesurais le formidable agencement de cette institution occulte, je me rendais parfaitement compte que je ne faisais pas le poids. Le commissaire

San-Antonio, au milieu de tout ça, c'était un peu beaucoup Ducon-la-Joie.

Enfin, le plus logique était d'attendre.

— Asseyez-vous ! m'invita le plus vieux.

Une chaise avait été disposée à égale distance de chacun des trois burlingues. J'y mis mon cul, croisis les jambes et m'efforcis de penser que je me trouvais chez le dentiste pour un plombage.

J'ignore lequel de ces messieurs enclencha le bastringue, toujours est-il que, brusquement, les vitres de la tour s'opacifièrent et que l'un des écrans s'anima. Je m'y vis, en gros plan, à la table du bistrot noir de la nationale 19, en train d'écluser mes deux boutanches de bourbon. Un vrai documentaire qui aurait pu s'intituler « San-Antonio dans ses œuvres ». Je me vis ensuite au *Fort Alamo's Motel,* occupé à baiser la mère Herminia. Séquence délicate, assez attrayante je dois en conviendre. Je louchis sur mes trois hôtes. Ils restaient impavides. Après, j'eus droit à ma séance avec le shérif, à ma fuite... Je me retrouvas à San Antonio où j'estourbissais le gardien du chantier. Moi chez la pute ligotée, dormant à poings nommés. Après, on sautait à l'hôtel, avec les trois poulardins dans les cuisines. Et puis j'eus droit encore à un beau morcif de mister Mézigue chez les punks, se laissant gloutonner le pipeline par la môme Patti. La qualité de l'image était bonne bien que tout eût été filmé au téléobjectif par une caméra volante.

L'écran redevint mort. Les vitres s'éclaircirent. Je me demandais les motifs de cette projection. Les trois hommes avaient déjà dû contempler mes exploits. Pourquoi une séance collective ? Pour que je subisse la gêne de les voir me regarder baiser, boire et châtaigner des gens ?

— Vous possédez de grandes ressources, me complimenta le Levantin.

J'amorçai une courbette.

— Qu'attendez-vous de moi, au juste, messieurs ? leur demandai-je.

Chose curieuse, ils m'impressionnaient moins que Duck. Plus exactement, eux ne me fascinaient pas. Je comparaissais devant trois espèces de P.-D.G. dissemblables mais pugnaces. Avec eux, je n'avais pas envie d'obéir mais de traiter.

— Un sang neuf ! me répondit le plus vieux.

Un pingouin ! Voilà, il me faisait penser à un pingouin ; machinalement, je regardais sous son bureau pour voir s'il portait des souliers jaunes. Non : ils étaient noirs.

— Votre envoyé auprès du président de la République française, assurait que le B.B. cherchait un successeur ?

— C'est juste. Nous pensons de plus en plus que vous pouvez être cet homme que nous cherchons. Mais l'apprentissage sera long.

— Vous pouvez m'indiquer votre estimation ?

— Plusieurs années.

— Combien ?

— Impossible à préciser. Disons que si au bout de quatre ou cinq ans vous n'êtes pas au point, cela indiquera que nous nous sommes trompés.

— Quel serait le programme ?

— Ici, formation technique accélérée de deux mois.

C'était toujours le pingouin qui parlait.

— Après quoi, nous vous confions une mission-test d'envergure. Si vous la menez à bien on continue, sinon chacun reprend ses billes. Question pratique : vous êtes pour l'instant en disponibilité vis-à-vis du ministère de l'Intérieur français. Nous ignorons quel est actuellement votre traitement. Nous allons vous verser dix mille dollars pour vous dédommager des tracasseries que vous venez de subir. Vous en toucherez par la suite cent mille à l'issue de la première mission si elle est positive. Si elle est négative, nous les adresserons à votre mère afin qu'elle puisse vivre décemment sans vous.

Je souris.

— Pas d'accord, messieurs *le* Big B. Moi, je vous fais une contre-proposition : je ne veux rien. Pas un *cent*, ni pour ce qui vient de se passer, ni pour ce que vous me donnerez à faire. Par contre à chaque mission que vous me confierez, j'exigerai un ordre écrit de mon gouvernement le confirmant. Pas une seconde, je vous préviens, je n'irai à l'encontre de ses intérêts. Vous n'assumerez que mes frais professionnels. Ma période probatoire ne s'étendra pas sur des années, mais sur quatre missions. Si je les exécute avec succès, je deviendrai officiellement VOTRE homme. Alors tout sera partagé en deux jusqu'au moment où je resterai seul. Je vous laisse étudier mon offre à têtes reposées.

Je me levis.

Une force invincible m'habitait. J'amorcis un salut circulaire de la main et me dirigis vers l'ascenseur.

Alors le « vieux » m'appela :

— Commissaire !

Il avait un mince sourire sur ses lèvres fardées.

— Vous trouvez vraiment que je ressemble à un pingouin ? me demanda-t-il.

J'eus, pendant un instant désastreux, la très pénible impression que je ne m'appartenais plus.

Ainsi, cet homme pouvait lire dans mes pensées ?

Je lui sourias.

— J'ai déjà vu le numéro à Paris, par Mir et Miroska, monsieur Un-tiers-de-big-B, je lui dis-je.

Une nouvelle gonzesse m'attendait devant les ascenseurs, en bas. Ma cabine s'était refermée et mise en action sitôt que je m'étais trouvé à l'intérieur, sans que j'eusse à appuyer sur le moindre bouton.

Je trouvais ces hôtesses bandantes à en crever et je sentais que mes amygdales sud exploseraient avant la fin de la journée si je ne parvenais pas à m'en mettre une sur orbite. J'avais un monstrueux tricotin rentré. Ça me fouinassait dans la région du bas-ventre et ça devenait douloureux.

Cette nouvelle damnante était un peu moins grande que les deux premières, un peu moins blonde peut-être aussi, mais plus lascive. La regarder marcher équivalait à se projeter le film X ayant remporté le César du plus beau champ d'asperges. Elle m'entraînait dans un dédale souterrain de vastes couloirs marmoréens éclairé à giorno par des rampes lumineuses.

N'en pouvant plus de voir ses adorables meules me faire le pied de nœud en marchand, je la rejoignis d'un coup de compas et la saisis à l'épaule.

— Un mufle, assez beau garçon, ne vous a jamais proposé l'amour de but en blanc ? lui demandai-je.

Elle me dévisagit et souria.

A cet instant, une voix aux inflexions métalliques sortit du médaillon perforé que je portais au cou et déclara :

— Voyons, commissaire San-Antonio : pas avec le personnel !

La ravissantissime me désigna l'objet d'un air moqueur et reprit sa marche.

Je saisis le micro-haut-parleur et l'élevant au plus près de ma bouche, m'écrias :

— J'aime autant prévenir qu'en venant ici je n'ai pas fait vœu de chasteté. Je veux bien caramboler les centenaires, mais j'aime également la chair fraîche !

— Vous en aurez, me fut-il répondu. A satiété !

Puis la converse cessa et je recollas aux affriolantes miches de la souris.

Elle me guida jusqu'à une immense salle souterraine dont une partie importante était aménagée en stand de tir. Plusieurs mecs coiffés d'énormes écouteurs anti-bruit défouraillaient à tout va sur des cibles mouvantes. Une forte odeur de poudre imprégnait ce lieu bruyant.

Un homme régnait sur le stand : un colosse en tenue de gaucho : bottes cloutées, pantalon moulant, chemise à carreaux, holster harnacheur.

Quand nous surgîmes, il abaissa une manette et l'obscurité brutale fit cesser les pétarades. Aussitôt, il renclencha le bidule. Les tireurs à l'entraînement ôtèrent leurs écouteurs.

— Vous pouvez disposer, garçons ! leur lança le moniteur.

Il ressemblait à la fois à un boxer et à un boxeur.

Sa gueule écrasée se boursouflait de protubérances qu'il n'avait pas attrapées en soufflant dans des capotes anglaises pour en faire des ballons. Au cours de son existence, ce mec-là avait reçu plus de gnons que d'invitations à la Maison-Blanche.

— Hello ! me dit-il.

Il se montrait assez cordial ; bourru, mais affable. Je lui tendis la main, ce qui est une réaction très française. Il en fut surpris, mais la serra et j'eus alors l'impression que je venais d'engager ma paluche dans un broyeur à viande.

La fille s'était retirée discrètement et on restit en tête à tête.

— Vous êtes fortiche au tir ? questionna-t-il.

— J'en vaux d'autres ! répondis-je, laconique.

Il me fit signe de le suivre jusqu'au stand. Il s'empara d'un Colt, lui bourra la gueule de bastos grosses comme mon petit doigt et enclencha une cible.

Sur un fond de ciel, un vol de canards passa. Canards artificiels, certes, mais qui se déplaçaient à allure réelle. Le grand vilain défourailla à six reprises, très vite, et les six canards chutèrent.

Il rechargea son feu et me le tendit. Puis libéra un nouveau vol de canards sauvages. Je tiras six fois et les six canards tombèrent.

Le vilain cabossé eut une véhémente approbation du chef.

— Je vois à qui j'ai affaire ! me dit-il.

Il parlait l'anglais avec l'accent hongrois ou quelque chose comme ça.

Il réfléchit.

— Vous connaissez le court-circuit ?

— Pas encore.

— Je vous explique.

Il opéra une commande électronique. Un décor descendit au fond du stand. Il représentait un panorama de Manhattan. On voyait des gratte-ciel en troupeau. Le gorille aux boursouflures pressa un bistounet. Des loupiotes se mirent à briller aux fenêtres des immeubles. Elles naissaient de façon anarchique, un peu partout : en haut, en bas, au centre, de gauche et de droite. Une prolifération dingue.

— Vous pigez le système ?

— J'entrevois seulement.

— Je vais le régler sur huit. Huit fenêtres s'éclaireront tous les quarts de seconde. Il s'agit de les éteindre au fur et à mesure avec ce pistolet électronique. Il n'est opérationnel que pendant trois secondes. Vous n'aurez donc qu'une seconde de battement au total. Au bout des trois secondes votre pistolet est stoppé et on compte les fenêtres qui restent éclairées. Pigé ?

— Pigé.

— Je vous préviens que c'est coton. Personne n'arrive à se payer les huit fenêtres parce que, en une seconde, on n'a pas le temps de rectifier huit fois le rayon de braquage.

— Passionnant. Montrez-moi !

Il régla un bouton moleté de manière à en amener l'encoche sur le chiffre 8 du cadran. Puis il prit le pistolet et se mit en position. Une courte sonnerie retentit. Une fraction de seconde plus tard, les fenêtres s'allumèrent. Ce fut vertigineux. Le pistolet ne produisait aucun bruit. Le moniteur ressemblait à une statue. Je ne le voyais pas bouger. Puis il se détendit : trois fenêtres étaient restées allumées.

Il eut un léger soupir.

— Il faut de bons nerfs ! m'avertit le boxer déguisé en boxeur.

Son nez était écrasé du haut, dilaté du bas, comme une fraise de concours.

Je pris le pistolet après m'être essuyé la main sur mon pantalon. J'avais bien noté sa position. Je me rappelai que c'était une fenêtre du bas qui s'était éclairée en premier. J'en conclus que selon toute probabilité, ce serait une du haut qui, cette fois, inaugurerait la série. J'ai toujours bénéficié de cette sorte d'instinct. Je fis le vide dans mon esprit. Surtout ne plus penser, sinon j'étais foutu d'avance. C'était à mon corps seul d'agir.

Je perçus la sonnerie annonciatrice du départ comme si j'avais eu la tête sous l'eau. Le foutoir lumineux démarra. Follement rapide. Je conservis la détente enfoncée, évidemment, simplement ma main frémit.

Et puis ce fut terminé.

Il restait deux fenêtres éclairées.

Le silence qui suivit contenait toute l'admiration qu'un homme peut éprouver pour un autre homme. Je sentis qu'aux yeux du moniteur, comparé à moi, Flemming était un paltoquet, Oppenheimer moins qu'un rat crevé et Léonard de Vinci une flaque de dégueulis.

Il s'approcha et me frappa l'épaule.

— C'est la première fois ! dit-il sportivement.

— Mes compliments ! lança une voix.

J'aperçus Duck, adossé au mur du fond. Il avait les

jambes croisées, les mains dans les poches sans pour autant compromettre la ligne de son smoking.

— C'est un sacré client, hé ? lui lança le moniteur.

Duck eut un bref acquiescement.

Tronche-de-Chaudron sourit.

— Vous m'avez eu.

— C'est peut-être le hasard ? objecté-je.

Il en convint. Dans une prouesse de ce niveau, il était évident que le hasard, à adresse égale, faisait la différence.

— Par contre, il est un exercice où vous ne me battrez pas, m'avertit l'homme. C'est à la promptitude du tir. Posez votre veste, passez un holster. Choisissez deux des revolvers qui sont dans la boîte en bois, sur la table. Vous m'en passez un, vous conservez l'autre. On règle un signal sonore. Le premier qui touche l'autre est proclamé champion.

Je fis des yeux gros comme le cul du chancelier Kohl.

— Vous voulez qu'on s'entre-tue ?

Il rit.

— Rassurez-vous, ces armes sont à rayons bitruvés. Quand on est touché, on n'éprouve qu'une secousse équivalant à une décharge électrique de vingt-quatre volts.

— Puis-je formuler une objection ?

— Quoi ?

— Je n'utilise jamais de holster, ou rarement. Nous autres flics de France avons l'habitude de loger notre arme à la ceinture.

Il haussa les épaules.

— Vous pouvez vous la foutre dans les fesses si ça vous chante. Ce qui importe c'est le résultat. Le postulat est le suivant : nous sommes ennemis et armés. Chacun n'a en tête qu'un désir : liquider l'autre, ça joue ? On part mains à plat sur les jambes.

Nous nous écartâmes l'un de l'autre d'une quinzaine de mètres. J'en profitas pour desserrer mon grimpant d'un cran et j'enquillas le canon de la rapière comme j'en avais l'habitude. Pas la première fois que je jouais à ce petit jeu. A la communale déjà, je défouraillais avant tout le monde. Une légère rotation du corps au moment où ma main allait cueillir le feu et il sautait tout seul au creux de ma paume.

— Prêt ? interrogea le moniteur.

— Prêt !

Il tripota encore un de ses putains de bistounets. Il en manipulait trop, Césarin. A force, il devait se croire aux commandes d'un Boeing.

Quatre ou cinq secondes s'écoulèrent, puis le signal retentit.

Je ressentis la décharge pile entre mes deux yeux. J'avais mon feu en pogne, mais il s'en était fallu de toute la longueur des Champs-Elysées que je tire le premier.

— Touché, dis-je.

— Je vous l'avais annoncé : je suis imbattable.

— Vous me redonnez ma chance ?

— Vous croyez que ça changera quelque chose ?

— Possible. Vous aviez un avantage énorme sur moi.

— Lequel ?

— Vous saviez exactement le laps de temps qui s'écoulerait avant que retentisse la sonnerie ; alors que moi je la guettais.

Il admit, mais son incrédulité était écrite en caractères géants sur sa gueule bombardée.

Nous renouvelâmes l'opération et ce fut ma pomme qui le toucha. Il n'avait pas l'habitude. A vrai dire, ça ne lui était jamais arrivé depuis son expérimentation du gadget.

— Je pense que vous êtes parti un poil avant la sonnerie ! déclara-t-il.

— Soit, refaisons.

Nous refîmes.

Quatre fois.

Je l'eus les quatre fois.

Pour lors, le « cabossé » baissa pavillon. Je préférais ça à son froc. Si son hémisphère austral ressemblait au boréal, y avait de quoi foutre le bourdon aux cloches de Notre-Dame !

Duck qui avait tout observé sans broncher ni mot dire s'avança vers nous.

— Vous êtes un type de première ! me complimenta l'homme au smoking.

— Merci.

— J'aimerais bien essayer contre vous, San-Antonio.

— A votre disposition.

Il prit la place et l'arme du gorille.

Alors cela tint du prodige. Je jure qu'à l'instant précis où retentissait la sonnerie de départ, il m'avait déjà touché. Jamais personne sur cette merderie de planète n'avait défouraillé à cette vitesse. Y aurait fallu un vache ralenti cinématographique pour pouvoir lire son geste. Sinon l'œil humain ne se montrait pas suffisamment prompt.

Par curiosité, je voulus recommencer. Ce fut du

kif. Duck ne marqua aucune satisfaction. Pour lui, cela allait de soi et point c'est tout à la ligne. Il était le *must,* le *top, the king.* Normal. L'orgueil, il connaissait pas. Ses satisfactions se trouvaient ailleurs, en admettant qu'il en eût.

Lorsque je quittai la salle d'entraînement, il faisait nuit. Je sortis respirer l'air embaumé de l'île. J'avais dans l'idée qu'elle se trouvait en territoire mexicain.

Mon errance désœuvrée m'amena dans la région des piscines et là, mon aorte se détraqua au point que j'envisageai une intervention du S.A.M.U.

Une seule personne s'y baignait. Mais quelle! Le mot déesse a été tant tellement galvaudé que je n'ose plus lui faire appel pour qualifier la femme qui faisait la planche dans la lumière émeraude sortant de l'eau.

Y avait rien de plus fabuleux sous les étoiles! Un corps... Oh! merde, par quel bout l'attraper pour le montrer à ces messieurs? Dedieu de Dieu! Je la rotais, un spectacle pareil! Je te dis en vrac! La tête me vire! J'avais les pulsations qui s'endiablaient! Tu me carrais un thermomètre dans le prose tu recevais un jet de mercure brûlant à travers la poire! Longue, mince, moulée, racée, phénoménalement belle! Des loloches en surplomb! Quand elle faisait la planche, t'aurais cru qu'un chameau se baignait! Un visage de... De quoi, au fait, grand nœud? Bronzé, pommettes en relief. Et un ovale! Et des yeux verts! Et des cils longs comme des ongles de danseuse thaïlandaise! Et une bouche! Bordel, la bouche! Mais la bou ou che! Les hanches! Dis, non, écoute... Les hanches! Je pleure d'y repenser!

C'était extraordinairement féerique. Archibeau! Super-parfait! Pour tout arranger, elle portait un maillot une pièce noire.

Je stoppai au bord de la piscaille, gagné par l'ardente émotion qui découle d'une admiration à laquelle participent ton bec verseur, tes sœurs jumelles, ton sens artistique et ta glande émotive.

Mon épiderme se mit à ruer dans les brancards. Ça me gagnait comme une paralysie. Quelque chose de tiède coulais sur mon menton ; je réalisas que c'était de la bave.

Mon corps en perte de gravitation universelle se mit à jouer les pendules.

Importunée par ma présence, la Somptuosité vivante étalée sur l'onde javellisée gagna l'échelle chromée et s'arracha de l'eau. La flotte dégoulinait le long de ses cuisses et aussi entre ses miches pectorales. J'aurais aimé la boire!

La naïade se dirigea vers les cabines de bain et pénétra dans le compartiment des douches. Son spectre continuait d'enchanter mes rétines, comme le soleil longtemps fixé te reste dans les calbombes.

J'attendas. Elle ressortit au bout de dix minutes, vêtue d'une tunique blanche serrée à la taille par une ceinture dorée. Toute la Grèce! Alors, j'enhardissas et m'approchis d'elle.

— Puis-je me présenter, mademoiselle?

Elle poursuivit sa route sans un mot, sans m'accorder un regard, voire un menu, un imperceptible tressaillement.

Lorsque son doux reflet n'ondula plus, il sembla qu'une grande tristesse s'était abattue sur l'amer. C'est-à-dire sur moi.

Je me demandis si j'aurais le courage de vivre dix secondes de plus après qu'eût cessé une telle vision. J'essayis. Je vivus! Gagné!

Sur ces entrefesses la superbe du début, celle que Duck avait appelée Tina vint me chercher pour m'annoncer que le dîner était servi. Elle me parut fade par opposition à la baigneuse. Tout à l'heure, j'en aurais fait mes choux et coïts gras ; à présent je l'aurais échangée contre un paquet d'Ariel ammoniaqué.

— Une jeune femme brune se baignait ici, il y a un instant, qui est-elle ? demandai-je.

Tina sourit en guise de réponse, mais le cabochon de mon foutu collier se mit à jacter :

— Vous n'êtes pas en train de procéder à une de vos petites enquêtes françaises, commissaire. Ici, ce qu'on souhaite apprendre, on doit le deviner.

# L'EXAMEN DE PASSAGE

## FAIS-MOI UN EXPLOIT

Mon séjour dans l'île dura une quinzaine. Je ne revis jamais le triumvirat appelé Big Between. Les trois personnages devaient rester confinés dans leur tour vitrée. Ce stage particulier laissa en moi un souvenir ineffaçable. Duck dirigeait ma « formation ». J'éprouvais un louche contentement à redevenir une sorte de disciple, moi qui, depuis des années passais pour un maître dans ma profession. Cela ressemblait à une cure de jouvence en profondeur. Je découvrais la griserie de mon existence nouvelle. Je devinais qu'une puissance formidable me coiffait et je pressentais qu'un jour elle serait à mon service. Avant d'en arriver là, je devais modifier ma vision des choses, ma philosophie, mon sens des valeurs. Il fallait entrer en Big Between comme on entre en religion. Domestiquer ma force, mon esprit d'initiative et jusqu'à mon courage.

Les « épreuves » furent difficiles à surmonter car elles étaient impitoyables. On ne me fit pas de cadeau. Un jour, je fus amené dans un sous-sol et tabassé par quatre malabars grands comme des bœufs. Duck m'avait seulement annoncé que quatre gorilles allaient me mettre une toise et que je devais me défendre *par tous les moyens*.

J'usas largement de la permission puisque sur les quatre, l'un eut une fracture du bras, un autre un œil crevé et le troisième une paire de testicules qui n'auraient pas tenu dans une lessiveuse. Ce fut le quatrième qui parvint à me mettre k.-o. malgré son nez éclaté qui pissait le sang.

Un médecin asiatique me posa deux points de suture à la pommette et mit une attelle à mon auriculaire gauche brisé.

Une autre fois, on m'entrava bras et jambes et l'on me flanqua dans la piscine avec, attaché au cou, un jerricane empli de gravier. Je parvins à me sortir de l'eau.

Pourquoi subissais-je ces agressions multiples sans rechigner, ni crier « pouce » ? Mystère, je te le répète.

Une troisième épreuve consista à me laisser une journée entière dans une fosse en compagnie de serpents et de mygales. Je tins bon et n'eus à subir aucun dommage ; si ce n'est aux nerfs, car je tremblai comme un pic pneumatique au cours de la nuit qui suivit.

Pendant les périodes de répit, j'eus droit à d'agréables visites. Des filles extrêmement sexy et éduquées vinrent dans mon appartement « s'occuper de moi ». Il y eut une Jaune, une métisse, deux Blanches dont les techniques amoureuses m'essorèrent la glandaille au point qu'après leur déferlement je ressemblai à un os de sèche. Je participais physiquement à leurs manœuvres suaves, pourtant le cœur n'y était pas car je vivais sous le charme de la « fille brune » (j'ignorais toujours son nom). Je l'apercevais, au détour d'un couloir ou d'une allée. Tentais d'engager la conversation ; mais elle s'abstenait de me répondre et mon pendentif me rappelait à l'ordre.

Je devenais dingue de cette fille. Elle monopolisait mes pensées. Je subissais le monstre coup de foudre et rêvais de la conquérir. J'eusse voulu qu'elle m'accordât au moins un regard, un souffle d'intérêt. Las, elle ne me voyait même pas. Je lui étais transparent ! Aussi je morfondais à en crever et les sévices qu'on exerçait sur moi me paraissaient délicats comparés à mon tourment affectif.

J'eus droit encore à nombre d'épreuves carabinées : le cercle de feu ; le plongeon dans une pièce d'eau occupée par deux crocodiles ; un duel au couteau contre un champion du ya ; le lâcher en pleine mer, à dix kilomètres de l'île ; l'ingestion de champignons hallucinogènes et mille autres facéties de ce tonneau. Chaque fois, je me tirai indemne de ces tests redoutables. J'étais devenu invincible. Superman pour de bon. Je me riais de tout. *Je n'avais plus peur,* comme si le pire des dangers était devenu un amusement, une sorte de jeu de société réservé à une élite.

La dernière épreuve, la plus terrible de toutes, fut digne des grandes heures de la Gestapo. On me conduisit dans une sorte de chambre des tortures à l'équipement sophistiqué. Là, deux types à frime de paranoïaques m'entreprirent. Ce qu'ils m'infligèrent n'est pas racontable. Ils ne me posèrent qu'une seule question, mais sempiternellement, avec une insistance désespérante, ne se contentant jamais des réponses que j'y fis.

Cette question était la suivante :

« Que pensez-vous du Big Between ? »

Vachement ambigu !

Vague !

Je m'efforçais de jouer franc-jeu, d'exprimer *réellement* mon sentiment. Sans détour. Je dis que cette Organisation me semblait colossale. Que j'étais déconcerté par son côté déshumanisé et impitoyable. Que je craignais que dans sa volonté impériale de tout réussir, elle ne connût pas de limites. Et que j'en avais plein les grolles de leur micmac à la con, que je le subissais pour relever le défi ; mais en leur pissant contre moralement.

On me molesta jusqu'à l'insoutenable. La gégène, la roulette de dentiste, les brodequins, le supplice de l'outre : tout, depuis l'Inquisition jusqu'à nos jours, en passant par les guerres coloniales ! Les bambous enfilés sous les ongles et enflammés. Les coups de fouet aux lanières enduites de piment en poudre.

« Que pensez-vous du Big Between ? »

Je dis que ce triumvirat insolite ne m'inspirait pas confiance, il ne cadrait pas avec l'idée que je commençais à me faire du B.B. Je dis que, par contre, Duck me fascinait, qu'il avait sur moi une emprise que personne encore n'avait exercée. Je dis que j'étais amoureux de la mystérieuse fille brune. Je dis que je me sentais fort comme jamais. Je dis que je souhaitais m'initier à fond à l'Organisation et la diriger un jour si on m'en jugeait digne.

« Que pensez-vous du Big Between ? »

Je pensais qu'en réalité, il n'était pas indépendant, mais au service d'une grande puissance qui pouvait bien être les States. C'était un pouvoir annexe. Un

Etat dans l'Etat. Je dis que je supposais que l'île se trouvait en territoire mexicain.

Je dis, je dis, je dis...

En hurlant ! En sanglotant ! En implorant.

Je dis...

Et quand j'eus tout dit, je perdis conscience. Au moment de m'inscrire aux abonnés absents, j'avais décidé de rompre avec ces gens dont les méthodes nazies humiliaient l'humanité tout entière. Mais auparavant j'irais jusqu'au bout de l'ahurissante expérience.

***

Après cet interrogatoire, je fus dorloté et n'eus plus d'autres épreuves à subir. Je passis trois jours à me goberger, à déguster des petits plats, à être massé par un kinési chinois.

Je dormas beaucoup. Pris des bains de soleil, d'autres dans la piscine.

On m'oignit, on me colmata, on me réconfortit.

C'était bath. Nickel. Le pied.

Me restait à attendre les résultats du bac.

Je devinais que ces quinze jours venaient d'apporter quelque chose de décisif à mon « dossier ». J'allais être définitivement *in* ou *out*.

***

Je rôdais autour de la piscaille, espérant revoir l'admirable créature de rêve qui hantait mes nuits, mes jours et la poche kangourou de mon slip.

Elle n'y était point. Une sourde fringale sexuelle

me batifolait dans la glandaille. J'avais mille lutins microscopiques affairés sur mes joyeuses, connectant mes centres nerveux, branchant mes canaux d'expansion, bref accomplissant tout un turf destiné à rendre inévitable la plus forte triquerie de ma vie copulatoire. Les sévices subis avaient peaufiné mes sens, aiguisé mes appétits sexuels. En un mot, je me sentais tellement en manque que j'aurais embroqué une chèvre ou une entrée de métro.

Allongé sur un transat, je me faisais bronzer, et le soleil n'arrangeait pas mon problo. T'as qu'à mater sur les plages les messieurs qui baignent-de-soleil. Dis, t'as vu leur maillot, comment qu'il se déguise en chapiteau Jean-Richard ? Et même Barnum !

C'était un moment à la fois exaltant et douloureux. L'excitation est belle lorsqu'elle est intense, mais navrante quand elle ne peut s'exprimer.

Au bout d'un long moment, cette faim d'amour devint si intolérable que je pensis demander un bon de coït aux autorités de l'île afin de me désencombrer les aumônières.

C'est alors que j'aperçus une gracieuse silhouette planquée derrière le bloc des douches. Je reconnus Tina. Elle me surveillait à la dérobée. Ou plutôt, elle me « regardait ». La différence tient au fait qu'elle agissait pour son compte (et, je l'espère, son plaisir) personnel.

Et sais-tu ce qu'elle fixait avec un air rendu grave par la convoitise ? Fais sortir les enfants, je vais t'y dire. Elle contemplait mon tricotin, tout bonnement. Ç'avait dû lui attirer le regard, ce mât de misaine (ou de misère) qui semblait vouloir crever l'étoffe de mon boxer-short. Alors elle s'était mise à l'affût, ma polissonne. Le bloc des douches se trouvait dans un renfoncement, et il était impossible de l'apercevoir si l'on ne se trouvait pas pile dans le bon axe, comme j'y étais présentement.

Je quittai mon fauteuil de toile, m'étirai... Ensuite, d'un pas lent, je me dirigeai vers les douches. Aussitôt, Tina disparut de ma vue. Elle s'était planquée dans l'angle du renfoncement.

Je me sentais fortiche tout plein, redevenu Santantonio. Le vrai ! Le queutard ! J'avais assez subi. C'était à M. Mézigue de prendre des décisions du premier degré.

Une fois parvenu au bloc de douches, j'ôtais mes fringues. Madoué, mon perchoir à perroquet ne s'était jamais mieux porté ! T'aurais vu sa fringance ! Sa masse critique ! Ses tons apoplectiques ! Je choisis un compartiment, ouvris la flotte en grand. Après quoi je saisis une délicate savonnette, y perçai un trou du diamètre d'une pièce de deux francs et y enfonçai mon micro-pendentif. Puis ressortis de la cabine et la contournis.

Tina était toujours là, blottie comme je l'imaginais dans l'angle carrelé du local. Je lui souris, mon zob lui sourit également. Elle nous considéra tous les deux avec des yeux qui chaviraient. Je lui montris la savonnette qui enveloppait le micro, puis lui tendis la main.

Fascinée comme l'oiseau l'est par le serpent du jeu de maume (1), elle mit sa main d'oiseau dans ma main de serpent.

Alors je l'attiris sous la douche cinglante.

(1) Pas besoin de bouffer du cassoulet pour contrepéter.

Au premier contact elle suffoqua. En un clin de z'œil, ses cheveux furent plaqués sur sa tête et ses menus vêtements sur son corps parfait. L'eau lui coulait de partout. Il en perlait au bout de son nez, et je la léchai. Ma main véhémente fit craquer d'un geste soudard le léger chemisier. Deux seins jaillirent, plus drus que les menus jets impétueux sortant des pommeaux de douche. Je bus la flotte tiède qui ruisselait en cascade sur ces deux fabuleux mamelons.

C'est alors qu'elle ne se contint plus, Tina. Jusqu'alors elle s'était montrée docile, passive même. Mais sa frénésie éclata. Elle oublia le Big B, le little C, l'âge canonique du Président Reagan, la couleur du cheval blanc d'Henri IV, les fredaines de Joséphine la Béarnaise, les beaux harnais du carrosse de la reine d'Angleterre et Grande Banlieue. Tout ! Elle oublia tout pour se jeter comme une folle sur mon éminent camarade Lapointe. Te me l'engouffra vite fait bien fait à s'en péter les mâchoires. Et l'eau nous arrosait sans fin. Nous fouettait ! On partageait un désir si faramineux qu'on aurait voulu tout d'un seul coup. L'explosion absolue dans les étoiles.

Puis elle cessa de glouper Popaul pour poser son short de cuir. Comme il était détrempé, il lui collait après telle sa peau à un cachalot. Ce fut une opération, longue et exaspérante. On en aboyait d'impatience, elle et moi. Parfaitement : on ne parlait plus, on aboyait, ou bien on glapissait, faudrait analyser. On était deux animaux happés par les dents féroces du piège de l'amour, comme l'écrit Hervé Bazin dans son « Je croise en Dieu » qui lui a valu le prix Staline et le prix Karl-Marx. On subissait la dure (ô combien) loi du fignedé. Implacable !

Un moment, on a cru qu'on parviendrait pas à l'ôter, ce putain de short de merde! J'allais falloir l'embroquer à travers, Ninette! Je pouvais m'attaquer à du cuir, note bien, avec un paf de cet acabit. Y existait des pics à glace moins solides, des pieds-de-biche plus timorés que mon hyper-braque de violeur.

En réunissant nos efforts, on est parvenus enfin à la soulager de ce carcan, ma salopiote. J'aurais dû sûrement comporter en gentilhomme de France, lui précurser l'admission par des mamours adéquates : langue de velours, gousi-goulette six doigts et le toutim. Impossible. Ça pressait trop. J'aurais déjanté. On serait allé à la catastrophe. On pouvait provoquer une explosion. Fallait terminer le parcours vite fait, bien fait!

Le temps de la pirouetter, de l'incliner à quarante-cinq degrés devant moi et c'était parti pour la botte finale. Elle avait la tronche hors de la cabine étroite, vu notre position.

Ça ne l'a pas empêchée de crier sa joie de vivre. Elle beuglait comme quoi c'était *good,* mais *gooooood!* Moi je disais rien, fallait assurer la prise, la maintenir tout en la vergeant cosaque, la demoiselle.

Sous la douche, c'était purement féerique. Ma savonnette avait lâché prise, fatal. Le côté con du savon, c'est qu'il fond au contact de l'eau. Popaul, lui, il fondait à celui des super-miches de Tina. J'aurais peut-être dû lui faire un paquet cadeau. Mais j'ai pas pu.

Quand elle a appelé madame sa *mother* pour le grand spasme de fin de section, j'ai tout largué et elle est allée embrasser le carrelage. Ça lui a pété le nose,

Mam'selle Tina. Elle raisinait de la gueule. Je me suis excusé. Elle a même pas entendu. Elle croyait qu'elle était la sœur de E.T. et cherchait une cabine téléphonique pour demander à son frère de venir la chercher.

*
**

Une copine de Tina entra dans ma piaule, tenant un instrument chromé à la main.

— Baissez votre tête ! m'enjoignit-elle.

Cric-crac, elle m'ôta le collier.

— Maintenant, venez !

Nous gagnâmes la Tour. Je m'attendais à y retrouver les Pieds-Nickelés, mais à leur place, il y avait Duck et la fille brune. J'eus du mal à déglutir. Plus de mal encore à saluer. J'espéras des présentations, il n'y en eut pas. La fille portait un pantalon de lin bis, léger, un chemisier blanc. Elle avait autour du cou une chaîne d'où pendait une petite croix en brillants. Son parfum délicat courut rejoindre l'amas de nostalgies que j'accumulais dans mon cœur car comme l'a dit Pierre Larousse qui amasse mousse, dans ses pages rosses, « après l'amour, l'animal est triste ».

Elle me désigna un siège où je pris place, ce qui me contraignit à lui tourner le dos. Les vitres du *look-out* s'opacifièrent, comme à ma première visite. Un écran s'alluma. La photo d'un homme politique de l'Est s'inscrivit en plan américain, ce qui était un comble !

— Vous connaissez ? demanda la fille brune.

Sa voix musicale plongea dans mes bourses, via le conduit auditif, s'y installa.

— C'est le général Glavoski, du Politburo, répondis-je d'une voix qui ressemblait à trois œufs cassés dans du beurre chaud.

— En effet.

Elle bitougna un contacteur. Système visionneur pour diapos. Le portrait du massif général Glavoski laissa place à une deuxième photo qui, elle, représentait une dame assez vioque et très dodue. Cette personne possédait un nez camard, une bouche lippue, des bajoues flasques et un œil étonnamment vicelard bien que très clair. Ses cheveux mal teints révélaient côté racines leur couleur grise.

— Vous connaissez ? réitéra la sublime.

— Non.

— C'est la femme du général.

— Pauvre général !

Ma boutade ne la fit même pas sourire.

— Regardez-la bien ! m'intima la jeune femme.

— Il y a des visages de femmes qui me fascinent bien davantage, lui virgulai-je avcc un air d'en avoir cent.

— Etudiez celui-ci car vous allez devoir le reconnaître.

— Ah ! bon.

Redevenant professionnel, je consacrai toute mon attention « technique » à la grosse vachasse. Au bout d'un moment, je fus certain de pouvoir la retapisser sur la place Saint-Pierre, à Rome, un matin de Pâques.

— Voilà, c'est enregistré.

Elle éteignit l'écran et redonna à l'éclatante lumière extérieure « droit de cité ».

— Vous allez être chargé d'une mission délicate, commissaire San-Antonio.

— Ne suis-je pas là pour ça ?

— La générale Glavoski se trouve présentement en Roumanie où, pendant quinze jours encore, elle suivra une cure de « rajeunissement ».

— Voilà de l'argent bien investi, ricanai-je.

Mon interlocutrice reprit :

— C'est une femme dotée d'un gros appétit sexuel, qui passe pour avoir eu de nombreuses aventures.

— Eh bien, je pense que, nonobstant cet appétit, elle devrait quitter la table, à moins que la cure roumaine ne soit vraiment miraculeuse !

— Ses débordements ont gâché la vie de son époux, car Glavoski l'adore.

— Je connais des tas d'hommes qui se gavent de gras-double.

Duck eut un léger sourire. Il se tenait à l'écart, muet, nous observant sans en avoir l'air, la fille et moi. On eût dit un vieux comédien, professeur au Conservatoire, faisant « passer une audition » à un couple de jeunes acteurs. Nous jouiions la scène de départ dans *Mission sans retour*... Il devait nous juger et mentalement nous noter, sans doute.

— Voilà en quoi consiste votre travail, trancha l'admirable créature.

Son regard était vert, avec des petites bulles d'ambre. Elle sentait bon et j'aurais découpé la tour Eiffel au chalumeau oxhydrique pour obtenir un seul baiser d'elle, mais un vrai, avec respiration cutanée et points d'ancrage libres.

— ... Vous allez partir pour la Roumanie, entrer en contact avec la générale, la séduire, l'enlever, la mettre à l'abri ; ensuite vous irez trouver son mari à Moscou et vous lui proposerez de lui échanger son épouse contre la Partition Thanatos.

— Sympa, fis-je.

Elle poursuivit :

— Natacha Glavoski est étroitement surveillée par deux femmes de la police secrète attachée à sa personne ; ces deux personnes constituent sa garde rapprochée, mais des agents soviétiques grouillent autour d'elle. Donc, votre mission va être périlleuse. Par ailleurs, si vous réussissiez la première phase, il se peut fort bien que le général vous fasse arrêter et « interroger » lorsque vous prendrez contact avec lui. C'est un grand amoureux, mais également un homme de devoir, ce qui ne facilitera pas les transactions. Si toutefois vous parveniez à les mener à bien, vous devrez nous remettre la Partition Thanatos avant de lui rendre sa femme. Vous avez bien compris ?

— Je peux vous poser une question, miss ?

— Je vous écoute ?

— En admettant que j'aie des loisirs pendant ma mission et que le sol soit argileux, croyez-vous que je pourrais faire de la poterie ?

Elle reste sans voix. Choquée par mon humour particulièrement particulier. Duck, au contraire, se marre silencieusement : un grand sourire tout en dents qui ressemble à celui d'un crocodile chatouillé.

Il prend enfin la parole.

— Arrivé à l'Est, déclare-t-il, vous n'aurez plus aucun contact direct avec nous ; cependant, nous tenterons de vous assister chaque fois que nous jugerons la chose possible, mais n'y comptez pas trop.

Il prend dans un tiroir une pochette de plastique rebondie et me la tend.

— Vous trouverez là-dedans tout ce qui vous est nécessaire : titres de voyage, réservations d'hôtel, faux papiers, renseignements détaillés concernant les Glavoski et leur entourage. Il conviendra de détruire ces deux derniers documents avant d'arriver en Roumanie bien entendu.

— Supposons que je réussisse, monsieur Duck, que devrai-je faire ensuite ?

Il caresse lentement ses beaux favoris grisonnants.

— Ne vous préoccupez pas de cela, commissaire, nous vous le dirons en temps utile.

Ça fait tout biscornu d'être traité en novice après qu'on soit devenu l'illustre San-A.

Le retour à la maternelle, c'est chouette un moment, tout homme a besoin du cocon, surtout quand il mène sa vie à cent à l'heure.

Seulement y a cocon et cocon.

Y a cocon comme la lune, aussi.

N'empêche que j'irai au bout de mon propos. Duck est devenu mon papa ? Soit : je cours remettre mes culottes courtes.

Je suis presque à l'ascenseur lorsqu'il me rejoint. Il met la main sur mon bras comme un Rital en promenade le fait à un copain.

— Savez-vous que je viens de congédier Tina ? me

dit-il. Cette écervelée s'était mise à vamper mes invités.

Je ne réponds rien.

Malgré le grand respect qu'il m'inspire, j'ai envie de lui balancer mon poing entre les favoris.

# FAIS-MOI CE QUE J'AIME

Je me rappelle une définition de mots croisés : « Ovide y est mort ».

La réponse était : « Constanta ».

Et voici qu'un avion à hélices me dépose, venant de Bucarest, sur l'aéroport de Constanta. La population, un peu fanée dans sa mise, est apparemment joyeuse. Tous les ports ensoleillés connaissent une sorte d'allégresse. Celui-ci, bien que situé au bord de la mer Noire, est coloré. Un taxi déglingué accepte de me conduire à l'hôtel *Bella Vista,* lequel se trouve en dehors de la ville, sur la partie balnéaire où s'est développée une forte infrastructure hôtelière.

Au premier coup d'œil je réalise que le *Bella Vista* constitue le top niveau de l'endroit. Six étages modernes : larges baies vitrées, jardin pseudo tropical, terrasse où s'étend une plantation de parasols bleus, personnel en tenue. L'admirable portrait du président de la République orne le mur derrière le comptoir d'acajou où un réceptionniste en veston noir et cravate perle m'accueille, aimable comme un employé des pompes venu prendre « les » mesures.

Il s'informe des miennes d'un œil jaugeur, se saisit

de mon passeport qu'il feuillette avec une attention douanière.

Ensuite, il cramponne ma réservation, en détache le coupon, puis presse un timbre harmonieux qui fait un joli « cling clinggggg! » dans le hall. Un grand type habillé de maigre, avec une veste d'esclave et des bacilles de Koch en vadrouille dans ses soufflets, vient cramponner ma valdingue et m'entraîne.

Il paraît malade et soucieux, ce qui est assez complémentaire. Pas un mot. Il m'a oublié. Une fois devant le 408, il dépone la lourde, entre le premier, dépose ma valoche, puis la clé et se retire sans attendre de pourliche.

La pièce est conventionnelle. Meublée par les Grands Magasins du cru dans le style hôtel de passe pour beaux quartiers. Couvre-lit en satin couleur scarabée, meubles en faux acajou, rideaux chétifs, moquette à motifs géométriques. La salle de bains est contiguë et exiguë. Le lavabo commence à goutter et le bidet est allé faire une course. On l'a remplacé par une truellée de plâtre, ce qui tient moins de place et permet des ablutions oignardes plus modestes.

Qu'à peine je déballe mon bagage, on toque. Une fille brune, emmanchée d'un grand pif renifleur entre avec son passe, une brassée de linges sous le bras.

Elle s'affaire un instant dans la salle de bains puis se retire sur un bref salut.

Lorsque je pénètre dans la partie sanitaire, j'aperçois un billet posé devant la glace du lavabo. Je lis : *Hôtel, chambres 438-40-42 — Plage, cabine 106.*

Bon, ça démarre bille en tête. Je ne suis pas seul. Voilà qui est réconfortant. Je reconnais la classe de l'Organisation Big Between. Au moment où je déboule dans la fosse d'orchestre, tous les instrumentistes sont en place. Je n'ai plus qu'à manœuvrer ma braguette magique. Donc, je me trouve au même étage que ma « cliente ». Et sa cabine, sur la plage, est la 106. Nanti de ces précieux renseignements, je vais pouvoir gagner du temps.

Ma solitude m'étourdit un peu. Dans « l'île », je menais une existence formidablement orchestrée. J'étais pris en charge. Mon emploi du temps m'échappait. J'avais le statut d'un pensionnaire en traitement dans un établissement de santé. On me *traitait,* effectivement, et plutôt mal parfois. Maintenant, tout a changé : c'est à bibi de jouer !

J'ai la nostalgie de Félicie. Voilà un bail que je ne l'ai vue, ma chérie. Je l'ai appelée depuis l'île, une ou deux fois, mais le temps commence à me sembler long.

Pas le loisir de glisser dans les mélancolies : quelqu'un tambourine à ma porte.

Je vais ouvrir et me trouve face à une jeune femme brune, à l'air énergique, portant une blouse blanche et un stéthoscope autour du cou. Plus un badge épinglé à sa poche supérieure sur lequel est écrit en blanc sur fond rouge « Dr. Tanaresco ».

Elle a le regard droit et sombre, la bouche assez comme j'aime, apte à devenir un exquis collier à paf.

— Bonjour, me dit-elle en français avec un délicieux accent ; je viens à propos de votre traitement.

Oh ! bon, j'avais oublié que je suis censé séjourner à Constanta pour y suivre une cure contre les rhumatismes.

Elle entre et va déposer sur la table une chemise de plastique jaune.

— Je dois procéder à un examen général avant de vous faire commencer la cure.

— Naturellement.

— Déshabillez-vous.

— C'est un ordre agréable à entendre, venant d'une jolie femme, fais-je.

Elle réprime un bout de sourire gros comme ça : juste la pointe !

Mécolle, me voilà en dessapage express. Tournemain ! Ça va plus vite qu'au *Crazy Horse.*

Pendant que j'active, elle consulte le dossier jaune.

— Vous avez déjà fait deux poussées de rhumatismes articulaires ?

— En effet, docteur.

— Vous n'avez jamais eu de problèmes au plan cardiaque ?

— Pas encore, mais je sens que ça pourrait venir.

« Dois-je conserver mon slip ou souhaitez-vous avoir un panorama complet du personnage ? »

— J'ai dit nu !

— Vos ordres sont des désirs, docteur !

Je me décarpis complet.

— Et maintenant, qu'est-ce qu'on fait ? je questionne avec une véritable fausse innocence.

— Allongez-vous sur le lit.

Je m'y jette comme sur un trampolinge, ne rebondis que de deux centimètres et attends ses investigations. Le docteur Tanaresco s'enquille les petites olives de son stéthoscope dans les manettes qu'elle a fines, diaphanes et bien ourlées. Prévenante, elle frotte la partie chromée de l'instrument contre sa manche pour la chauffer et se met à m'ausculter. Elle est penchée sur moi et sa blouse bâille à m'en décrocher la mâchoire. J'aperçois des choses vachement plus fascinantes qu'une conférence sur l'habitat des pygmées d'Afrique et de l'Insulinde.

« Tiens, me dis-je en aparté moderne, il y a des lustres, voire même des suspensions, que je n'ai pas encouru une gifle féminine ; perdrais-je l'habitude de vivre dangereusement ? »

Et voilà-t-il pas que ma main gauche se laisse couler du lit, qu'elle se plaque sur le mollet de la doctoresse et qu'elle entreprend de le caresser en gagnant du terrain.

Crois-moi ou va te faire raffoler chez les Grecs, mais la personne concernée ne marque aucune réaction. Elle continue de m'investiguer les éponges, le guignol, les bronches et toute la zone nord pendant que ma sinistre lui rend la politesse en gagnant sa culotte par petites étapes feutrées.

— Vous n'avez jamais eu de souffle au cœur ?

— Je sens que ça démarre, docteur.

Ça y est, je lui ai franchi le mont de Vénus. Mes doigts, follement adroits, se faufilent par la brèche d'une fossette et poursuivent leur avance triomphale. Car sa culotte, crois-moi, c'est pas le Mur de Berlin.

— Du point de vue alimentaire, buvez-vous beaucoup d'alcool ?

— J'ai complètement cessé depuis un mois.

— Et avant ?

— Avant, je ne vous avais pas encore rencontrée, j'avais besoin d'oublier la vie.

Elle a un nouveau sourire léger.

— Passons au foie, à présent.

Ça commence à devenir passionnant, vu que le foie, je ne te l'apprends pas mais te le rappelle pour mémoire, est une escale sur l'un des itinéraires permettant de se rendre de la poitrine au scoubidou fantasque.

Elle enfonce trois de ses doigts dans mon bide. Moi, trois des miens dans la case de l'oncle Tom. T'ai-je précisé que mister Popaul est dressé sur ses ergots ? Non, parce que je suis extrêmement pudique. Sache simplement qu'il ressemble à un vrai petit guerrier prêt à charger, la tête en avant.

Le docteur Tanaresco constate le corps du délit et en fait le délit du corps. Je savais bien qu'elle avait la bouche faite pour.

Je prends dès lors cette marque de sympathie pour un encouragement et je pousse mes avantages. D'une vingtaine de centimètres...

Tu sais qu'il est préférable d'avoir de très gros défauts plutôt que de toutes petites qualités ? De même, il vaut mieux astiquer une frangine avec un chibre de déménageur qu'avec une zézette d'expert en la matière près les tribunaux.

La doctoresse apprécie énormément mon entreprise de ramonage. Faut dire que je ne lésine pas ; elle a droit au menu dégustation complet. Elle mord mon oreiller pour se retenir de crier, la pauvre femme. Faut dire que sexuellement elle n'est pas gâtée : son mari est scaphandrier et on a perdu la clé qui fermait son scaphandre ! Je te jure, y a des gens étourdis ! Depuis lors, on lui envoie de la nourriture liquide par le tuyau d'aération et il défèque dans son fourbi. Heureusement qu'il est ample ! En tout cas, question du radada, sa pauvre dame est obligée de se mettre la ceinture... de chasteté. Elle s'achète des carottes, mais ce sale con les lui râpe au fur et à mesure. Mesquin, hein ? Enfin, Santantonio vint ! Et les toiles d'araignées disparurent.

Sa participation est totale, intense, mais ne s'accompagne d'aucun commentaire. Quand c'est fini, elle fait ce que tu ne vois jamais faire dans les films : elle passe à l'ablutionnerie.

— Votre traitement commencera demain matin à huit heures ; salle d'hydrothérapie, au sous-sol de l'hôtel, déclare-t-elle sèchement (bien qu'étant encore humide) avant de partir.

— Merci, docteur.

*
**

La plage est un peu triste. La mer Noire, hein ? Fatal ! Mais ça provient essentiellement des usagers. Ils ont beau essayer de s'amuser, on dirait qu'ils font semblant, même les tout jeunes. Je foule le sable en trottinant, façon bourrin, comme un qui fait du jogging. Ça permet de passer et de repasser sans attirer l'attention.

Les cabines, je te raconte, c'est juste de la toile de tente formant abri. Trois murs maintenus par des piquets, un toit que gonfle le vent. Quand celui-ci souffle trop fort, faut démonter le fourbi, pas que ça mongolfe.

Ces tentes sont numérotées au pochoir. Elles alternent : une bleue, une rouge. La 106 est rouge. J'aperçois la mère Glavoski, avachie sur un transat. Des frissons m'électrocutent quand je vois ses bourrelets, sa viande pâlichonne, sa grosse bouche pareille à un énorme trou de balle de jument entre ses joues en forme de fesses. Tu parles d'un cadeau, cette grand-mère ! Et tu dis que je vais devoir me la faire ?

Elle est flanquée de deux méchantes ogresses aux cheveux tirés. Aussi sympas que la mort des forêts. Les toutes méchantes mégères, baraquées comme des haltérophiles mâles ; bien qu'étant sur une plage, au soleil, elles sont fringuées : jupe et chemise à manches courtes. Leurs regards décolorés guérissent les hoquets les plus persistants en une seconde.

Voilà trois fois que je passe devant le trio ; soufflant fort : « hefou, hefou... », très véridique, l'athlète Santonien ; un gazier venant d'Athènes, la torche olympique en main, pour bouter le feu dans le stade archicomble.

Lors de mon quatrième passage, je feins de me tordre le pied et je m'écroule dans le sable, pile devant l'ouverture de la 106, après avoir dansé un bout de gigue (de chevreuil) sur une patte.

Je me masse la cheville en grimaçant et en geignant qu'houlala-ce-que-je-me-suis-fait-mal ! Mon manège attire l'attention du trio. La générale, aussi sec, tombe en convoitise. Ses yeux proéminents s'allument. Elle émet en ruscoff une réflexion à mon propos. Je lui souris à travers mon masque de souffrance. Elle me revaut ça au centuple. Je tente de me remettre debout, mais faut que je chique à la vraie entorse. Non, décidément, j'ai trop mal ! Alors je me relaisse choir. Et voilà-t-il pas la gravosse qui se détransate en ahanant et vient à moi, superbissimo dans son maillot une pièce à rayures noires et oranges qui la fait ressembler à une énorme guêpe.

Elle me baringue j'sais pas quoi. Mais ça doit vouloir dire « Vous avez très mal », si je réfère à l'expression et à l'intonation. Je réponds « *Da da* », bien montrer ma polyglotterie.

Elle s'apitoie, la grosse frelone. Se met à genoux devant moi, me biche le pied « blessé » précautionneusement, me contraint à le placer à plat sur l'un de ses jambons. Le contact de sa chair mollasse me flanque envie de gerber. C'est froid, malgré le soleil, c'est bleuté, c'est veineux, pas frais, quasi rance. Elle me masse la cheville doucement. Moi, jeté en arrière, prenant appui sur mes mains, je grimace derechef en matant les deux dragons qui nous observent. Pas joyces, ces dames ! Les élans altruistes à mémère, elles les condamnent, c'est visible. Ça leur ulcère les principes, la camarade générale donnant ses soins éclairés à une charognerie d'étranger. Mais quoi, c'est mamie Glavoski, la patronne, toutes soviétiques qu'elles soient, non ?

La grosse, tu parles d'une gourmande. Elle me triture la cheville avec volupté kif que si c'était mon paf. Elle respire de plus en plus vite et fort, en partance pour un proche panard. Une rapide ! Une fulgurante ! Question de nature, ça se commande pas. T'as des effrénées du sexe. Congénitales. Un homme à portée, et par ici la bonne soupe ! Je pige pourquoi il m'a testé avec la vieille Herminia, mister Duck. Il voulait s'assurer que j'étais bel et bien cap' d'embourber des grabataires avec ma queue de bronze. T'as des gus qui tournent des films « X » sans débander. D'une production l'autre, tu les retrouves, embroquant des donzelles perverses, face et pile, avec leur goumi sauvage, turgescent, comme on écrit dans les bouquins osés. Ils raffolent du terme, mes collègues de la prose culière. Turgescent, c'est leur épithète de bataille !

La mamie, elle me demande, se risquant à des bribes d'allemand :

— *Gut ?*

— *Sehr gut,* ma poule ! Continue, tu m'intéresses !

La vioque accentue son massage. Elle outrepasse la cheville pour me caresser le mollet. Elle dépasse même le genou, des fois que ça irradierait plus haut. Elle oserait, elle m'enquillerait ses deux kilogrammes de menotte sous le short. Je feins de trouver ça bon. Je psalmodie : « *Sehr gut, sehr gut* ». M'âme Glavoski rit de bonheur. Me coule une œillade trucidaire. Je lui rétorque par une autre. J'entrouvre la bouche pour lui montrer ma menteuse frétillante. Alors là, elle se liquéfie, bobonne, ou plutôt, bonbonne. Ses énormes nichemards subissent l'onde de choc du désir, comme l'écrivait si joliment Jean-François Revel dans *l'Humanité Dimanche* de la semaine dernière.

Les deux sbires toussent pour la rappeler à l'ordre. Dis, surveiller une dévoreuse de ce tonnage, c'est pas de la crème de cassis ! Elle va pas se me faire en pleine plage, la générale ? Ça reviendrait aux oreilles du président Cesku, il l'aurait à la caille. Il dirait qu'elles attigent, les gerces des huiles lourdes soviétiques, qu'elles dépravent la Roumanie.

Sentant qu'il faut pas exagérer, je retire ma pattoune en me confondant. Je balance des « merci » dans toutes les langues comestibles de la planète. Et puis je me relève, oui, ça va beaucoup mieux. Elle m'a sauvé de l'entorse, et qui sait : de la gangrène peut-être ? Bien qu'on soit en extérieur, je lui fais un baisemain. Elle roucoule, *cool*, la vieille colombe.

Santonio s'éloigne en boquillant, certain d'être le taureau sur qui la vache attache un long regard.

Premier point marqué !

Le premier jour !

Si Duck est informé de la performance, il sera content de moi.

⁂

Au dîner, je la revois à la salle à manger. Elle est toujours accompagnée de ses deux duègnes, mon Ophélie d'une tonne. Elle s'est fringuée princesse : robe mauve de Valentine, avec dentelle dégoulinante comme des rameaux de lierre arrachés du mur qui les portait. On dirait une poupée russe, avec ses joues vermillonnées, sa bouche couleur de coquelicot, sa taille ovoïde. Tu la dévisserais, Ninette, t'en découvrirais une demi-douzaine d'autres gigognées dans sa bedaine.

Moi, dandy suprême, en alpaga bleu, je me pointe à une encablure de sa table et lui adresse un salut déférent. Pas oublier de claudiquer. Je gagne la mienne en écrivant quatre et deux, six, avec ma démarche. M'installe face à mémère. Ses ogresses me tournent le dos. J'ai un créneau formide par lequel je peux usiner des châsses. Vue imprenable sur la vieille. Je te parie un grain océanique contre un grain de beauté que tout a été préparé et que ce n'est pas par hasard que je me trouve face à Natacha.

J'y vais des mirettes pendant tout le repas et je constate qu'elle manigance des miches, ma future conquête. Elle voudrait « y être » déjà, se laisser emplâtrer par le Tarzan superbe et généreux.

Pas de doute : je suis sur orbite et je n'ai plus qu'à trouver l'embellie.

Attendre et voir, comme disent les Anglais. En anglais.

Ce qui complique un peu le bouzin, c'est que je ne parle pas le russe et que mémère ne connaît, en fait de langues étrangères que le mot germanique *gut.* Heureusement, Dieu m'a doté du stylo qui sait écrire le langage du cœur !

⁂

J'aime beaucoup la Roumanie actuelle. C'est un chouette endroit où j'aimerais me retirer quand je serai mort. Ma soirée se limite à un whisky et à la lecture de l'étiquette couvrant pudiquement le flanc de ma bouteille de Périer.

Je n'ai rien à lire et je suis en manque. Un instant, j'hésite à essayer de téléphoner à m'man, mais la prudence me fait renoncer. Alors, au plume !

⁂

A huit plombes, je passe la porte de la salle d'hydrothérapie. Il y flotte une buée épaisse, parfumée à l'essence de pin. Le docteur Tanaresco m'accueille et me dirige vers le compartiment des hommes. C'est alors qu'il se produit un incident banal. La porte du compartiment des femmes s'ouvre et la hure congestionnée de la générale Glavoski paraît, escortée d'une épaule nue, grasse et blanche.

Elle a l'air fâché, mais quand elle m'aperçoit, son expression se sucre. Je lui adresse un bonjour respectueux. Elle y répond en me montrant un sein gros comme M. Doumeng. Puis elle formule sa rouscaillance au docteur.

— Je vous laisse vous déshabiller, me dit alors celui-ci, lequel est en réalité une celle-là.

Et la chère Tanaresco quitte les lieux pour aller souscrire aux désirata de la dondon dodue. Pas meilleure occase. Moi, opportun comme le printemps, de bondir jusqu'à ma future conquête.

Je lui montre ma cheville. *Gut! Gut!* remercié-je.

Elle, de glousser plus haut : *Gut, gut!*

On va pas aller loin commak! Ce sera dur de jouer Andromaque avec un texte aussi réduit.

Bon, le temps, comme le con, presse. Avec une goulue comme Natacha, inutile de tergir le verset. Je prends mon courage d'une main et, de l'autre me mets à lui loloter un robert. Une vache fribourgeoise aurait une tétine de cette ampleur, elle produirait six mille litres de lait par an!

Mamie Babouchka entreprend des râleries sauvages. Ça lui part de profond. Elle a de gros sourcils pompidoliens. Démaquillée, elle ressemble à Tarass Boulba. Je dévale sa chaîne des Karpates en faisant du *scenic railway* sur ses bourrelets. Les montagnes russes justement. Dans mon bénoche, il se fait un grand silence. L'immobilité est complète. Jamais je pourrai me cogner cette mère Denis soviétique! Ou alors, en me dopant à mort, peut-être? Manière d'être poli, je lui turlute les cabochons. Elle m'empoigne la nuque et m'écrase la bouille dans ses tripailles. Au secours, j'étouffe! Je parviens à lui glisser des mains et je déboule sur l'immensité désertique de son bide. Mon pif se plante dans son excavation nombrilique, j'ai toutes les Le Pen du monde à l'en arracher.

Une fois encore, le coup me paraît admirablement préparé. C'est pas le fruit du hasard qui vient de nous mettre en présence, la vieille et moi. Harmonie préétablie. Le docteur Tanaresco est dans la combine. Une fois encore, chapeau pour le Big Between, c'est un plaisir de travailler avec lui. J'ai pas l'habitude qu'on me balise à ce point le parcours. Pour lors, les manigances subalternes, les basses ruseries me sont épargnées. Je suis l'artiste, uniquement. J'arrive, je me talque les mains, m'oins la queue et j'opère sous les vivats. Enfin tout en haut de l'affiche, l'Antonio joli. Ça la fiche bien !

Mémère, malgré les secrètes connivences, je vais pas la fourrer ici. Ce qu'il me faut, c'est lui poser le rancard détermineur.

Je mets au point une courte phrase et lui demande en allemand quand je pourrais la rencontrer seule. Elle pige, ô miracle !

— Cette nuit, elle répond. Chambre 440.

Je risque :

— Mais les deux dames ?

Elle me cligne de l'œil et par gestes dignes du mime Marceau m'explique qu'elle leur fait drinker un somnifère. Elle figure un petit flacon entre le pouce et l'index, l'incline, imite avec des clapements de langue le bruit délicat de gouttes tombant dans un liquide. Vodka ! Et puis ses deux mains à plat sous sa trogne penchée. Les ogresses roupillent. Elle s'est organisée, la dévoreuse. Quand elle s'aligne un malabar, elle neutralise ses gardes-chiourme; élémentaire, mon cher Glavoski.

Pour s'assurer de mes sentiments, elle m'envoie sa main en reconnaissance dans la région extatique. Chose inouïse, y a un début de projet de triquerie sous mes hardes. Faut croire qu'il est à toute épreuve, l'artiste, non? Satisfaite, Babouchka sort une menteuse d'une livre et me virgule un coup de panais prometteur sur les lèvres.

Je la largue pour aller cracher et me défringuer, suivant la prescription de la gentille doctoresse. Je me dis que quand elle viendra m'hydrothéraper, je lui jouerai un petit solo de scie musicale, mais hélas, au lieu d'elle, c'est un jules qui s'annonce. Le crâne rasé, la mâchoire carrée, le regard pas d'accord. Bon, Coquette va rester coucouche panier.

***

Journée creuse. Le soleil condescend pas. La plage est déserte, venteuse, avcc des mouettes qui se plument au-dessus de la mer.

Ne voulant pas attirer l'attention des anges gardiennes à Natacha, je l'évite. Puisque je dois la « rencontrer » cette noye, à quoi bon en rajouter?

Je pourrais essayer de draguer chez les estivantes du cru, mais il est plus prudent de m'économiser. Ce serait suicidaire de me gaspiller avant l'entrevue fatidique. Pourvu que je me montre à la hauteur! J'essaie d'établir une comparaison entre Herminia et la générale; me stimulant le subconscient en m'affirmant que si j'ai pu donner à l'une, y a pas de raison que je récuse l'autre; seulement la différence des morphologies est importante. Elle était mince, l'Herminia, presque maigre. Tandis que la Moscovite se coltine des quintaux de graisse pas fraîchouille. Bon, enfin j'aviserai sur le tas. Je compte sur mon sens de l'improvisation.

A minuit, j'entrouvre la lourde de ma turne pour visionner le couloir.

*Nobody.*

Vas-y, Tonio !

Je me déchambre en souplesse. Je suis en pyjama bleu ciel et robe de chambre bleu nuit ; mules vernies. Honnête, je me suis rasé de frais et parfumé pour ajouter à mon sex-appeal. Tel, je représente le tombeur type, tringleur de vieilles peaux patenté, porte-bite de palace toujours sur la brèche dépoilée des douairières. Play-boy à la sauvette.

Arrivé devant le 440, nouveau regard panoramique : la voie est toujours libre. Pas besoin de frapper, l'huis est entrouvert, comme la babasse de la dame Glavoski, probable.

Je pousse, j'entre.

Illico, c'est l'ensorcellement. Natacha (elle ne mérite vraiment pas un prénom aussi romantique) a créé l'ambiance choc ! Une seule source lumineuse ; faible et capiteuse, dans les vieux roses. Médème repose sur sa couche basse en une attitude qui ferait triquer l'Apollon du Belvédère sous sa feuille de vigne, le pauvre qui n'a pas de mains.

J'ignore où elle a déniché ses dessous troublants, sûrement pas en Russerie où les mœurs déconnent pas, mais elle porte, toujours est-il, des bas noirs, un porte-jarretelles froufroutant, une exquise culotte noire, largement fendue, ce qui ôte toute possibilité de l'utiliser pour aller acheter cinquante kilos de pommes de terre.

Elle se tient sur le flanc, un coude replié, une jambe relevée. Plus fardée que les putes en vitrine de Hambourg, plus grotesque également; mais tellement baroque qu'elle en est intéressante. Chère femme ! Elle a fait ce qu'elle a pu pour me séduire, me mettre les glandes k.-o. C'en est touchant, troublant. Bandant ? A voir.

Allons, mon Sana, du cran ! La pêche !

Je referme la porte, intimidé — si tu peux croire ça — pis qu'un collégien invité par une amie de sa mère à lui réchauffer les pieds. M'approche doucement, pas faraud. Ce qu'il faut faire, pour modifier le sort du monde !

Babouchka me sourit. Sa main se tend. M'empoigne. Franche connection ! On dira tout ce que je voudrais, mais une goulue, même décrépite et lézardée, même grosse comme une baleine, ça conserve des ondes sexuelles qui agissent sur le petit gars pas feignasse du zob.

Je commence à entrevoir l'éclaircie. A me dire que si elle me chahute pas trop, j'arriverai à lui servir sa ratatouille d'aubergine, Natacha. Surtout qu'elle me réclame pas de baisers langoureux ou de caresses privautières ! J'ai pas envie de goûter, non plus que de palper. Si elle m'épargne sur ce terrain, elle pourrait bien avoir droit à sa baisouille soudarde.

Elle a le sens de ces choses, Mamie. Elle le sait bien qu'à son âge, elle porte moins aux transes que Sophie Marceau ou de Monaco. Elle a fait la part du feu, la générale, limité ses désirs. Pénombre et discrétion ; dessous salopiots et dégustation unilatérale. En cernant bien le problo, en se gaffant de ne pas outrepasser, elle peut escompter la chevauchée héroïque. Se faire mettre au détour d'une pipe. Mais faut rien bousculer; arpenter discrètement la salle des spasmes perdus. C'est si fragile, somme toute, un homme. Capable du pire, certes, mais principalement du peu, du rien. Une vilaine pensée, une caresse intempestive, et *bye-bye* m'sieur Dunœud !

Alors elle s'y prend comme il faut. Décidée à opérer un parcours sans fautes. Des plaintes, des bribes de phrases rauques chuchotées en russe. Une posture lascive née à l'improviste. Les jambons qui cisaillent. La satanique culotte qui bâille sans mettre sa main devant la bouche. Et des caresses de championne. Ça se voit qu'elle sait ce que c'est qu'un paf, la mère ; le par quel bout ça s'attrape, ces grosses bêtes ; le comment t'est-ce faut les tenir ; l'instant où on peut les tutoyer ; et comment doit pratiquer la main libre pour ne pas être inscrite au chômedu. Et puis des affinités, des fignoleries, des audaces mutines. La manière de soupeser la bourse pour en estimer les écus. Une belle démonstration de femelle en chaleur.

Elle me rappelle, dans mon adolescence, la grosse Ilda que je m'embourbais dans son bistrot pendant que son vieux était à la cave. Y avait une trappe dans le plancher du bistrot et Sauveur, toujours portant le même gilet de grosse laine grise et chaussé des mêmes charentaises éculées, descendait fréquemment dans son antre, sous les prétextes les plus fallacieux, mais en réalité il allait se cogner des coups de jaja au tonneau. Il aimait le vin frais pissé et qui mousse dans le verre. Sa grognasse lui aboyait contre, sauf quand je me trouvais là et que je passais presto derrière le bac à plonge pour la chibrer, façon princesse de Lamballe (la pauvre). Elle arrêtait pas de laver ses verres dans l'eau dégueulasse pendant que je lui débusquais la case trésor, Ilda. Une moulasse kif une porte de grange ! Elle savait prendre la posture ad hoc, légèrement cambrée, les chapiteaux en « V » renversé. Elle guettait la porte et c'était facile de retapisser les clilles car le bistrot se trouvait dans un renfoncement et elle les guignait de loin, les assoiffés. Elle avait un toussotement caractéristique pour me prévenir que je devais évacuer ma bonne marchandise fissa. Je l'embroquais comme un sauvage, excité par cet état de qui-vive entre l'arrivée d'un hypothétique client et la remontée des abysses du cocu.

De même que mon souvenir du musée de Leningrad m'a conforté pour passer Herminia à la casserole, cette fois, c'est cette remémorance de mes exploits avec Ilda qui me fournit l'élan déterminant. Je plonge héroïquement. La brave Babouchka en clame d'allégresse. Et, par ma foi, la main sur le cœur, l'autre sur la tirette de ma braguette, je puis te jurer que j'assure vachement. Mais que ça reste entre nous. Je voudrais pas qu'on jase (band), qu'on chuchote un peu partout et ailleurs que l'Antonio se spécialise dans le congelé, qu'il baise plus que chez Vivagel, l'apôtre. Ça porterait nuisance à mon pedigree ; les minettes se détourneraient, prétendant que je pue le cadavre et me complais dans les draps dont on fait les linceuls.

Ma « mission » achevée, j'envoie un gros baiser à Natacha. Elle me répond d'un petit geste exténué.

— *Bis Morgen,* qu'elle me jette avec l'énergie du cul en fête.

A demain ! Oui, oui, c'est ça, à demain...

Retour à ma chambre.

Surprise.

Elle est occupée par deux messieurs qui ont gardé leurs chapeaux de feutre à bord étroit sur la tête, ce qui me laisse augurer du mauvais.

Ils étaient assis et se dressent à mon entrée.

Mon air surpris est en soi une question. Qu'ils négligent.

— Habillez-vous et suivez-nous ! me fait l'un d'eux, un gars trapu avec des mèches d'un noir marqué de roux sur les épaules.

Il s'est exprimé dans un anglais scolaire (classe de cinquième).

— Qui êtes-vous ? réponds-je.

— Habillez-vous et suivez-nous ! répète-t-il.

Son ton est inquiétant, son regard plus encore.

— Je ne vous suivrai pas sans savoir qui vous êtes ! déclaré-je ca-té-go-ri-que-ment.

Le deuxième, un jeune qui ressemble à un séminariste de sortie, s'approche, tenant une paire de menottes.

Il me biche le poignet droit et l'attire à soi. Déjà il élève le premier bracelet. Ma pomme, tu sais quoi ? Je lui empoigne les testicules d'une main de fer et les lui tords. Le séminariste hoquette sous l'empire austro-hongrois de la douleur et se plie en deux. Le voilà qui se met à dégueuler comme un malpropre sur la moquette du *Bella vista!*

Son compagnon a dégainé un étrange pistolet au canon en forme de groin et me braque.

— Ne bougez plus !

C'est sérieux. Je laisse pendre mes bras le long de mon corps. L'homme au pistolet recule jusqu'à la porte, l'entrouvre et crie une syllabe dans le couloir. Aussitôt, deux autres mecs surgissent en renfort, chacun a une arme au poing.

— Habillez-vous et suivez-nous ! me redit l'homme trapu pour la troisième fois.

Qu'est-ce que tu ferais à ma place ?

## FAIS-MOI TOUT

Lorsque je suis loqué, les quatre mecs m'emportent hors de l'hôtel, par une issue dérobée au fin fond de la buanderie. On n'a rencontré personne. Le vent est de plus en plus violent et la mer Noire de plus en plus noire.

Ces messieurs m'invitent à prendre place à l'arrière d'une grosse Lada grise. Je me demande qui ils sont ? Des flics ? Oui, mais pas des Panzani. Ça sent la police politique, ça. Les archers de la nuit. Ils font leurs coups en marge, piquant sur leurs proies tels des rapaces et les emmenant dans leur repaire pour les dépecer à leur aise.

J'ai agi en bébé-lune ; je devais bien me gaffer qu'on la surveillait aux petits pois, la mère Glavoski. Ses ardeurs, ils sont au courant, les gueux. Quand elle se fait introduire par un masseur ou un employé d'hôtel, ils écrasent le coït, ou bien donnent un avertissement au téméraire à coups de goumi sur la tronche ; parce qu'ils savent à qui ils ont affaire ; où ça se complique et mérite un détour, c'est quand Mémé se goinfre un étranger. Alors, là, pardon, y a maldonne. Ils veulent en savoir plus sur l'emplâtreur.

Et dans mon occurrence, ils trouvent vachetement bizarre bizarre qu'à peine débarqué, le beau mec que je suis saute à pieds joints sur la Babouchka chérie. Ils trouvent la prouesse un peu louche. Quelle jolie fable vais-je bien pouvoir leur sortir ?

La Lada se dirige vers la ville. Constanta est silencieuse, figée dans l'éclairage froid de ses lampadaires. Il y a très peu de chignoles en stationnement le long des trottoirs.

Nous contournons une grande place au mitan de laquelle se dresse une statue de bronze symbolisant le travail, la patrie, le parti, la fécondité et la soupe de poissons. Puis nous plongeons dans une rampe cimentée livrant accès au parking souterrain d'un immeuble neuf.

En bas, y a un préposé pour actionner l'ouverture de la porte rabattante. L'auto franchit un dos-d'âne caoutchouté et s'enfonce dans les entrailles du parking. Contrairement à ceux de chez nous, il est loin d'être saturé et les voitures s'y trouvent très clairsemées. Pourtant, il comprend trois niveaux. A partir du second, y a plus de bagnoles. Nous dévalons jusqu'au troisième et dernier. Tout au fond de l'immense local chichement éclairé par deux plafonniers chétifs, une espèce de fourgon carré, peint en bleu sombre, semble avoir été oublié, voire mis au rebut, depuis lulure.

Le gars dont j'ai un tantinet broyé les couilles va l'ouvrir. Les autres me sortent de la Lada pour me faire grimper dans le fourgon. L'intérieur est impressionnant : un siège métallique est rivé au plancher, dossier appuyé contre la cabine du conducteur. Il s'agit d'une espèce de fauteuil, car cela comporte des bras. A ces bras sont fixées des sangles de cuir, de même qu'aux pieds antérieurs du siège. La chose est insolite, barbare, évocatrice de supplices et fait songer surtout à la chaise électrique.

Mes ravisseurs me font asseoir, m'entravent à bloc, puis les deux sbires d'appoint sortent et referment les portes ; je reste seul avec le Trapu et Burnes-creuses. Un instant, je pense qu'on va démarrer, et puis non : le fourgon reste en place. Je pige alors qu'il sert de « salle d'interrogatoire ». Cela signifie que je n'ai pas été enlevé par des flics roumains, fussent-ils occultes, mais par des gens marginalisés, agissant pour leur compte. Mon inquiétude, dès lors, croît à une vitesse supersonique. Putain, ce que j'aime pas ça !

— Qui êtes-vous ? questionna le Trapu.

— Je m'appelle Casimir Lelaboureur ; je suis canadien, j'habite Montréal. Je travaille dans les machines agricoles. Je suis agent général pour l'Europe de l'Est de la firme Truckmuch and Co.

Ce premier jet passé, j'attends la suite. Le Trapu répète au Cassecouillé, lequel me garde un chien de faïence de sa chienne, ça se lit sur sa frime de belette crevée.

Ils conciliabulent en russe. Oui, en russe !

Alors ça y est, j'ai pigé. J'ai fait bonnement sur la coloquinte des gardes de Mme la générale.

— Que faisiez-vous dans la chambre de cette dame, tout à l'heure ? reprend le Trapu.

— Devinez ? je lui balance en rigolant.

— Pourquoi vous intéressez-vous à elle ?

— Erreur, c'est elle qui s'intéresse à moi. Je me suis trouvé en hydrothérapie avec elle, ce matin, et ma modestie dût-elle en souffrir, elle m'a fait de sérieuses avances et m'a demandé d'aller la rejoindre dans sa chambre. C'est un crime ?

— Elle est âgée.

— Chacun ses fantasmes ; j'aime les femmes très mûres.

— Qu'attendez-vous d'elle ?

— Rien d'autre que le plaisir qu'elle m'a accordé.

— Il s'agit d'une dame respectable.

— La plus haute marque de respect qu'on puisse témoigner à une femme, c'est de la faire jouir.

Il me gifle. Une sacrée beigne. Pas avec la main à plat, mais en creusant la paume et ça me file des vibrations dans tout le système auriculaire.

Le gars me regarde dans les yeux. La charognerie aux claouis meurtries qui l'escorte lui dit un truc pas gentil à mon endroit, et peut-être même à mon envers. Le Trapu tend le bras vers un bloc émaillé comportant une espèce de niche. Il prend dans cette dernière deux pinces métalliques dont chacune termine un fil électrique sur enrouleur et les fixe au lobe de mes portugaises.

— Juste une seconde ! me fait-il.

Il appuie sur un bouton noir et je morfle une méchante décharge qui me déglingue la pensarde.

— La vache ! m'écrié-je, vous parlez d'un électrochoc !

— Ce n'est rien, le contacteur est sur la force « 1 » et sa graduation va jusqu'à « 6 ». Trente secondes à « 6 » et votre cervelle commence à vous couler par les narines.

— Sympa.

— Maintenant, il faut parler.

— J'ai tout dit.

— Nous perdons du temps. Tenez, un coup de « 3 » pour vous décider !

J'hurle pis que Croc Blanc, le soir, au fond du Labrador. Une douleur folle a remplacé ma tête. Je sens que ça explose sous ma coiffe.

— Vous parlez ou je dois continuer ?

— Ecoutez, cette vieille dame, je ne la connais pas. Si ça vous chagrine tellement que je lui aie filé la grosse, je m'engage à ne plus la revoir.

— Vous ne la reverrez plus, en effet ! promet l'autre d'un ton entendu.

— On va m'expulser ?

— Pas du pays : de la vie !

Il rit et traduit sa boutade au crevard qui pouffe à son tour.

— Si vous parlez, tout ira vite. Si vous vous taisez, ce sera interminable, assure le Trapu quand il a repris son sérieux.

— Je ne peux pas inventer des choses pour vous faire plaisir !

— Mais vous pouvez dire la vérité. Pour qui agissez-vous ? Qu'attendez-vous de... la dame ? Allez, vite !

Il tend la main vers la molette placée dans la niche et la fait pivoter d'un cran ; « clic ! ». Les « clic ! » je veux bien, à condition qu'il y ait les « clac ! » avec ! Et qu'ainsi je puisse prendre mes clic et mes clac.

Cette fois, la décharge est telle que je n'ai pas la force de hurler. C'est trop insoutenable. La tête pendante sur ma poitrine, je râle...

— On peut continuer ainsi pendant des heures, des jours, des semaines, avertit le Trapu. Jusqu'à la perte de conscience, ensuite on attend que vous récupériez et on recommence. J'ai eu un « patient » qui a enduré la chose pendant presque quinze jours ; et puis il a fini par parler. Avec ça, zéro pour cent d'échec.

Ses paroles, je les distingue plus que ne les entends. Je capte des sons, mon esprit tenace en fait des mots, puis, courageusement, bâtit des phrases.

— J'en ai connu qui devenaient fous, reprend le Trapu. L'un s'est coupé la langue avec les dents.

Pauvre con ! Il me faut récupérer... Retrouver mes esprits... Douleur... Tout est rouge. Incandescent ! Tout est flammes. Le feu sort de ma tête... Une confiance absurde me demeure. Chevillée au cœur... Espoir ! Je vais m'en tirer. Je... Confiance ! Confiance !

Mes tourmenteurs m'observent. Ils attendent que je sois de nouveau en état de subir une nouvelle décharge. Ainsi ranimait-on Laval empoisonné pour pouvoir le fusiller !

Ma lucidité dérape dans l'atroce souffrance qui transforme mon corps en volcan. Tout renaît dans un tourbillon pourpre. Mal en point, l'Antoine !

Et puis les portes du fourgon s'écartent. Je dois être en proie à l'hallucination car j'aperçois un soudeur à l'arc. Un mec avec une espèce de ciré blanc, le chef coiffé d'une maisonnette vitrée. Il tient sous son bras un extincteur d'incendie, du moins quelque chose qui y ressemble. Ça comporte un gros embout. Il dirige ledit contre le Trapu, un jet d'une substance foutreuse d'aspect. Bombe à raser. Tchloc ! Puis une deuxième giclée sur le mulot débile. Tchloc ! Les deux Russes gigotent, mais de plus en plus péniblement. Leurs mouvements se paralysent, ou plutôt s'enlisent. Ils ne perdent pas conscience et paraissent affolés par ce qui leur arrive. Je distingue des filaments sur leurs personnes. La scène est irréelle, onirique, quoi ! Je me requinque un peu. Mon instinct ne m'avait pas trompé : le salut approchait.

Le soudeur ferme l'arrivée du produit sous l'embout, puis il prend son extincteur, lequel est muni d'une bretelle de fusil et le place sur son épaule. Ses mouvements sont calmes et précis. On sent le tout grand professionnel. Il attend un moment que ses deux victimes soient totalement pétrifiées ; jugeant que c'est banco, il pénètre dans le fourgon, ôte les gants de plastique qu'il portait et me débarrasse des sangles. Puis m'invite, d'un geste, à le suivre.

Je lui obéis à grand-peine. Ça tangue mochement dans mon entrepont. Les cannes en crème Chantilly, Tonio ! La tronche désastreuse. L'impression d'être devenu une grosse poche de sang. J'ai du sang dans les yeux, dans la bouche, le nez... Mon « soudeur » m'offre son bras, j'y prends appui. La descente du fourgon est infernale. Mais j'ai à cœur de ne pas m'évanouir. J'avise les deux adjoints pétrifiés à leur tour. Seuls leur regard continue de vivre et il est halluciné. Ils sont plaqués au sol, recouverts de ces filaments blanchâtres que j'ai vus sur les deux premiers.

Le soudeur marche en direction d'un escalier de ciment à rampe de fer. Il se retourne. J'ai du mal à le suivre. Il m'aide à nouveau. Je me hisse comme je peux. L'impression de gravir l'Everest en ayant les deux jambes dans un sac !

Second niveau !

Un deuxième escadrin conduit à celui de l'entrée. Nouveau calvaire ! Je le gravis en pensant à Félicie, m'exhortant, comme si elle m'attendait au sommet des marches.

Au premier niveau il y a une fourgonnette avec un julot au volant. Un type coiffé d'une gapette brune. Il ne se retourne même pas pour me voir.

Le soudeur ouvre l'arrière de la fourgonnette et dépose son engin diabolique dans une caisse métallique. Il ôte la maisonnette vitrée qui lui sert de masque, défait son ciré blanc. Il est en smoking. Il se retourne vers moi : Duck !

— Je savais ! balbutié-je.

Sans un mot, il m'ouvre la portière arrière et m'aide à prendre place. Ensuite, il va se placer auprès du conducteur.

— Buvez ça !

Il me tend une jolie fiole verte.

— Tout ?

— Oui, tout !

J'avale.

Il a le secret des potions magiques, le druide Duck, car, aussitôt, un infini bien-être s'étale dans mon être, comme l'écrivait la marquise de Sévigné à son gendre (lequel devait lui faire du rentre dedans quand elle allait à Grignan).

Duck m'interroge du menton.

— La pêche ! assuré-je d'une pauvre voix.

Il a un court hochement de tête.

La fourgonnette sort du parkinge dont la porte est grande ouverte. J'avise le préposé, filamenteux, lui aussi, tassé dans sa niche.

— C'est quoi, votre produit ? je demande.

— De la colle.

Je crois avoir mal esgourdé.

— De la quoi ?

— Colle ! Une invention extraordinaire. Un jet de haut en bas et la victime est soudée littéralement. Pour les délivrer de ça, il faudra les opérer. Découper leurs lèvres, leurs doigts, leurs mollets. Le produit sort du conteneur à une température de quatre-vingts degrés et refroidit en dix secondes. Le temps qu'ils s'en foutent partout en se débattant. Ça traverse les vêtements. D'où mon équipement.

— Vous êtes inouï.

— Mais non : vigilant et outillé. Bon, ce n'est pas le tout, il va falloir agir vite, demain il serait trop tard.

Il sourit.

— Vous avez fait le principal, il ne reste plus que l'essentiel, San-Antonio. Comment vous sentez-vous ?

— Beaucoup mieux, presque bien.

— Heureusement. Voilà ce qu'il va falloir faire...

Et il se met à me dresser son plan d'action. Je te le re re re répète : c'est un bonheur que de travailler avec un homme comme lui !

***

Je perçois ses ronflements depuis le couloir, Babouchka. Césarine, espère, quand elle a pris son fade, elle en concasse façon sonneur de cloches ! L'anéantissement de la chair, même pas fraîche, ça aide à roupiller.

Je grabatouille tant tellement à sa lourde que tout le *Bella Vista* sera éveillé avant elle. Heureusement qu'il me reste mon sésame.

Me voici dans sa chambrette. Elle flotte à la surface du lit comme une vache crevée sur un étang. Superbe amante ! Y en a pour trois grenadiers voraces. Et dire que je me suis respiré ce paquet à moi tout seul ! Les vraies prouesses, vois-tu, mon gamin, c'est pas avec son revolver qu'on les accomplit, c'est avec sa bite.

Je m'approche de la couche de mon évanescente et me mets à lui pétrir les monts d'Auvergne, histoire de la réveiller en délicatesse. Son souffle cahote et ressemble à la rumeur d'un motocross. Elle ouvre un z'œil dans la pénombre (il fait clair de *moon* en deçà du rideau).

— C'est moi, ma poupée ! je la rassure.

Je chuchote dans ses baffles, car tu ne m'ôteras pas de l'idée que sa piaule est bourrée de micros, lesquels ont alerté le personnel navigant chargé de veiller sur sa vertu.

Elle va pour jacter, mais je plaque ma main sur les deux cervelas qui lui tiennent lieu de lèvres.

— Soyez prudente, chère amante ! Je redoute qu'on nous entende.

La voilà qui se met à trémousser, déjà partante pour une nouvelle chevauchée dans la forêt viennoise.

— Demain, belle âme, fais-je à voix ténue. Demain, nous ferons des folies ; j'ai des projets insensés !

Elle pige pas tout de mon allemand, assez toutefois pour entrer en mouillance frénétique.

— *Gut ! Gut !*

— Allez à la plage de très bonne heure. Disons, huit heures, c'est possible ?

— *Ja, ja ! Gut ! Gut !*

— Dites à vos dames de compagnie que vous voulez marcher un peu sur le ponton pour respirer l'air du large. Si elles veulent vous suivre, fâchez-vous, compris ?

— *Gut ! Guuuuut !*

— Je serai au bout du ponton, avec un canot à moteur. Vous prendrez place à mon côté et je vous conduirai dans une propriété paradisiaque, toute proche où je pourrai vous faire vraiment l'amour. L'amour complet, l'amour total. L'amour qui fait crier...

— Ahrrrr ! *Guuuut !*

Elle se calme et murmure :

— Que diront Anna et Alexandra ?

— Vous leur expliquerez que vous avez demandé au moniteur de ski nautique de vous faire faire une promenade en mer.

Mais elle ne paraît pas convaincue.

— Elles m'accompagneront, assure-t-elle ; jamais elles ne me laissent seule.

J'évoque l'hypothèse numéro 2 de Duck.

— Eh bien, qu'elles vous accompagnent.

— Mais alors, si elles me suivent...

— Ayez confiance en moi, je saurai bien les convaincre.

— Elles !

Natacha hausse ses montagneuses épaules.

— Moi ! promets-je en ponctuant d'une caresse aphrodisiaque.

⁂

Mon canot danse contre les pilotis moussus. Le bois immergé ne se corrompt pas, mais quand le niveau baisse sous le phénomène de la mini-marée, ça se met à pourrir. Ainsi de nous. Dans l'eau du sein maternel nous nous développons et devenons des êtres humains. Dès que nous sommes en contact avec l'air, nous commençons à nous gâter et devenons des morts en puissance.

La plage est presque vide à pareille heure. Quelques jeunes jouent déjà au volley-ball, à l'arrière-plan. Un vieux type en pantalon blanc fait son footinge, les coudes au corps, pour tenter de se désoutrager des ans. Mais les ans, tiens, fume ! Bras d'honneur. Tu veux du chêne ou du sapin ?

J'aperçois enfin un trio admirable sur l'allée conduisant à l'hôtel *Bella Vista*. Les trois grasses ! En jaune, en rouge, en bleu. Le drapeau roumain, pour ainsi dire.

Mamie marche entre ses deux angesses gardiennes. C'est elle la plus grosse. Et de loin. Elles forment le nombre 101, dans cette formation, les chéries.

Je les vois qui larguent leur petit fourbi dans la cabine. Il fait un temps sublime, le soleil commence déjà à cogner.

Ma Natacha parlemente… Délibérément, elle se dirige vers mon ponton (comme nos voleurs).

Ça y est, ça ne fait pas un pli : ses deux gaillardes sautent dans sa roue, d'autor !

Les méchantes salopes ! Tu parles d'un bonheur, Mémère, de se coltiner cet attelage à longueur d'existence sous prétexte que son kroum est un personnage important du régime! Pour vivre heureux, vivons couchés. La mamie saute-au-paf, elle préférerait avoir marié un O.S., voire un simple manar du charbon-acier! Elle pourrait se faire pointer à l'aise pendant qu'il irait se respirer les trois-huit, le gaillard.

Le trio s'annonce sur la jetée de bois, laquelle s'avance loin dans la mer. Bon, le sort en est jeté, comme disait César avant de prendre le bac pour traverser le Rubicon. Je vais devoir user des *big* moyens. Duck m'a donné un repère : le premier des pneus destinés à amortir les accostages.

J'attends que les trois dadames l'atteignent; voilà, elles y sont. Je tire alors sur une poignée de fer logée sous les planches du ponton. Comme dans les actualités, quand on voit des immeubles préalablement minés s'écrouler au ralenti, une partie de la jetée de bois s'affaisse brusquement, sans bruit. Et plouf! les trois grognasses sont dans la tisane. Quel beau travail! Mon admiration pourrait être turque car elle va croissant. Un impect boulot de sape. Les pilotis ont été sectionnés dans l'eau et il suffisait d'un pet de moustique pour que tout s'écroule. Voilà qui est fait.

Je manœuvre en souplesse pour foncer au secours des naufragées. Les trois commères se débattent, empêtrées dans leurs vêtements. Je les repêche de mon mieux. Pas fastoche. D'abord, la générale, puis ses duègnes. Logique, non? Tu verrais les trois vachasses suffocantes et crachoteuses, ruisselantes, congestionnées, les yeux comme des boules de pétanque! Du grand spectacle.

Mais je ne me perds pas en contemplation. Y a

urgence. A partir de tout de suite, chaque seconde compte. Alors je pique le long de la côte. Les rares estivants qui ont assisté au « drame » se rassemblent devant le ponton. Me voyant foncer avec mes naufragées, ils estiment que je les emmène à l'hosto. Rien, en effet, ne pourrait faire songer à un enlèvement.

Je mets pleins gaz, mon canot vole sur les flots. Les « malheureuses » reprennent tant mal que bien leurs esprits. Elles claquent des ratiches dans la fraîcheur matinale. Y en a même une qui adresse une prière à Marx-le-Père, à Lénine, son fils unique, notre Sauveur, à saint Staline, son disciple (1)...

Je défile devant le front des hôtels. Ensuite, il y a des maisonnettes Sam'suffit, puis des raffineries de pétrole, des conserveries de poissecailles, des usines mal identifiables. Et encore après, la campagne.

L'une des ogresses a repris du poil de la bestiole.

— Où nous emmenez-vous ? elle demande en roumain (du moins je suppose).

Je lui souris et adresse un geste rassurant.

— Où allons-nous ? reprend-elle, en mauvais anglais cette fois.

Idem, je lui réponds par un sourire qui devrait être ensorceleur mais ne lui fait pas plus d'effet qu'une pipe à une statue de marbre.

La vieille carne se met à palper ses hardes détrem-

(1) Je sais une bande de Mousus qui va égosiller comme quoi je fais de l'anticommunisme primaire. J'insurge. Primaire, ça oui : je le suis. M'en vante. Mais anticommuniste non. Y a toujours un moment de la journée où je suis marxiste ; comme il y en a toujours un où je suis constipé. Et puis je vais à la selle et ça va mieux. L'autre matin, en m'éveillant, je me suis senti canuetiste, mais ça venait du repas de la veille. A vrai dire, je te le répète : je suis tout et rien. Surtout rien. C'est ce qui fait ma richesse.

pées et finit par en sortir un ya allongé dont elle fait jouer la lame livide. Un rayon de soleil vient faire joujou sur l'acier.

Mémère a son retour d'âge ou quoi ?

Je dégaine l'ustensile que m'a fourni Duck et le braque sur la nergumène. Ça ressemble à un pistolet, ça a la couleur d'un pistolet, mais ça n'est pas du Canada Dry. Je presse la détente. Un léger « tchlouc », presque mutin. Poupette s'écroule. Pour éviter d'autres vilaines réactions, j'assaisonne de même la seconde cheftaine. Voilà qui est net.

— Qu'est-ce que vous faites? tente de s'enquérir mon himalaya de saindoux aux seins doux.

Je lui gigote ma langue, salingue.

— *Gut! Gut!* je lui promets.

⁂

Ma caltade dure une quinzaine de minutes. Enfin, j'aperçois sur la rive le mât annoncé par Duck, au sommet duquel flotte le drapeau roumain ainsi qu'un pavillon rouge frappé d'une étoile d'or.

Je pique droit dessus et opère un accostage impeccable. Le temps d'attacher mon embarcation à un pieu et j'aide Mamie Natacha à débarquer.

Elle semble ravie par l'aventure. Oh! elle se gaffe bien que les choses prennent une drôle de tournure, mais elle a confiance en moi et envisage sans angoisse la perspective d'un enlèvement. Elle échangerait volontiers son Kremlin contre le Kremlin-Bicêtre, Babouchka.

A son âge, chiquer les Juliette, c'est encore

mieux qu'une platée de côtelettes pojarski, malgré qu'elle aime la bouffe.

Nous nous dirigeons vers un bois de hêtres ou de nepasaîtres, impossible de trancher sans être arboriculteur.

Tout est silencieux, à l'exception des oiseaux.

Nous parcourons une centaine de mètres, *hand in the hand,* et débouchons à l'orée d'une vaste carrière de sable abandonnée. Au fond de la carrière, stationne un hélicoptère aux couleurs roumaines.

J'aide la vieille à dévaler jusqu'à lui.

Elle est trop essoufflée pour pouvoir poser des questions, mais me suit sans l'ombre d'une résistance.

Personne autour de l'appareil. Par contre, le pilote est à son poste. Une casquette verte est enfoncée jusqu'à ses sourcils et il a des lunettes miroir. Le bas de son visage est mangé, comme disent mes confrères, par une barbe noire et profuse. Il porte une combinaison kaki pleine de poches.

Depuis combien de temps attend-il ici ? M'est avis qu'il a dû se poser dans la carrière avant le jour. Impassible, il attend que nous ayons pris place à son bord. Le pilote fait coulisser la porte, s'assure que nos ceintures sont bouclées et lance son moteur. Les grandes pales fauchent l'air, lentement pour démarrer, puis de plus en plus vite. L'hélico piaffe d'impatience. Vibrant, il attend de pouvoir s'élancer vers les nues. Il tremble, il frémit. Le gars n'a pas proféré une syllabe. D'une décontraction absolue. Son coucou paraît plus vivant que lui.

La vibration s'intensifie et, tout à coup, nous sortons du grand trou éblouissant, comme la lave sort d'un volcan. On retrouve la mer, le ciel bleu où ça moutonne blanc, la côte...

Il franchit le bois de nepasaîtres ou de hêtres (toujours ce doute) et redescend près du flot pour piquer sur le large. Je réalise alors qu'il vole au ras de la mer afin d'échapper aux radars disséminés sur le littoral.

La machine tourne rond. Babouchka claque des dents car elle est trempée comme un baba au rhum. Je lui proposerais bien mon blazer, mais il lui couvrirait tout juste un sein.

Vaillante, elle oublie son dénuement physique et coule sa main entre mes jambes, à la recherche du temps perdu.

Tu veux que je te dise ? On doit la saluer chapeau et pantalon bas. Ça c'est de la vraie tringleuse ! Le Poilu de Quatorze de la baise ! Pour son gros cul avide, c'est tous les jours Verdun.

# FAIS-MOI UN SOURIRE

Un point noir, sur la mer Noire.

C'est beau à voir.

Pouême !

Ce point grossit. C'est un cargo poussif, en grand deuil, avec juste un cercle rouge à sa cheminée et le pavillon turc à la poupe.

L'hélico arrive au-dessus de lui, tournique comme l'aigle repérant l'agnelet dont il va se saisir, puis descend mollement, à la verticale du pont arrière.

Des marins fringués à la mord-*me-the-knot,* de choses dépareillées, fuient les pales de l'engin. C'est instinctif. T'as beau savoir que la moulinette est bien au-dessus de ta tronche, tu marches plié en deux aux abords d'un hélicoptère.

Une très légère secousse. Le pilote m'adresse un signe du pouce pour m'indiquer que nous devons quitter le bord. Je m'empresse. Mémère est dure à extraire, mais je l'aide de mon mieux. Aussitôt, le batteur Rotary saute dans le ciel, décrit une large courbe autour du cargo et s'éloigne dans la direction d'où nous venons. *Good luck !*

Et me voici au côté de Babouchka, sur ce pont qui

pue le goudron, mes fringues claquant au vent du large et les dents de la vieillarde claquant de froid.

Un type travesti en officier, vu qu'il porte un caban bleu marine et une casquette sommée d'une ancre marine, s'avance vers nous. Visage rouge. Il lui manque un œil et il ne s'est pas donné la peine d'obstruer la cavité avec ne serait-ce qu'un escarguinche à la parisienne ou la photo de Le Pen. Sa vilaine cicatrice rose déborde l'orbite pour entailler le front. Je ne sais pas ce qu'il a morflé dans le lampion, le commandant, mais ça lui en a mis plein la vue, espère.

Il porte un doigt à sa casquette et me fait signe de le suivre. J'entraîne Mémère dans le ventre du rafiot. C'est noir, huileux, bas de plaftard. On descend un escadrin roide, longe une étroite coursive qui contraint Natacha à avancer de profil, comme si elle visitait le Chili, et puis bon, voilà une cabine à double couchettes superposées. Le local est grand comme deux cabines téléphoniques réunies. En fait d'ameublement, excepté les couchettes, il y a deux crochets d'acier vissés à une cloison. C'est tout.

L'officier turc nous jette, dans un anglais convenable :

— Vous ne bougez plus de là, avant Istanbul, surtout ne montez pas sur le pont.

Et puis, s'en va.

J'aide Mamie Red à ôter ses hardes trempées. Pas fastoche : elles lui collent à la viande. Quand elle est à loilpé, je l'enveloppe d'une couverture dégueulasse, constellée de taches de tout et de trous de cigarette. Lui conseille de se pieuter. Elle prend place sur la couchette inférieure. Santantonio la borde, lui dépose un mimi au front et grimpe dans le plumard supérieur.

Dormons, ils feront le reste.

***

Notre croisière dure deux jours. Hélas pour elle (mais tant mieux pour moi) la mère Glavoski se paie une bronchite carabinée et cogne le 40° facile. Je la soigne de mon mieux, à grand renfort de tisanes et d'aspirine, les deux principales médications du bord. C'est pas folichon de servir de garde-malade à une grosse vachasse soviétique dans un local de 4 mètres carrés, mais je préfère lui faire des infusions que l'amour. Mamie sue beaucoup, ce qui est une bonne chose. Le cargo vibre tant qu'il peut. Il schlingue la graisse chaude et le végétal corrompu. Un cuistot en babouches s'occupe de nous. La tortore est très élémentaire, mon cher Watson. Tomates, fromage aigre, galette de farine mal cuite, viande de bouc malade. La gerbe, la gerbe, sans avoir recours au mal de mer !

Le soir du second jour, le barlu ralentit jusqu'à filer deux ou trois nœuds, ce qui suffirait encore à rendre pensif un eunuque énuqué qui ne peut plus niquer.

L'officier borgne, que je n'ai pas rerevu depuis notre arrivée, se la radine. Il est tête nue. Impressionnant. Pas un tif sur le gadin, la boule triple zéro. On dirait M. Propre, tu sais, cette abominable créature qui fait briller les sols, avec sa frime de chourineur et ses bras croisés !

— On va vous changer de bord ! annonce-t-il.

Soit ! Que vos volontés soient fêtes !

Les loques de Natacha ont séché. Elle les réintègre mollement. La fièvre l'a abattue et c'est devenu une vraie vieillarde au cours des dernières quarante-huit heures. Tu la verrais, en émigrante malade, la couvrante pourrie en guise de châle, les tifs filasse, la bouille déjetée, les roploches pendant comme des rideaux, tu ne pourrais jamais imaginer que j'ai pu la calcer y a trois jours. Ce tombereau, même Béru renâclerait, serait obligé de se doper au beaujolais primeur avant de monter en ligne.

La mer scintille au clair de lune. Au large, on aperçoit les feux des barlus se dirigeant vers le Bosphore. Tout près, au-dessous de notre cargo, est un bâtiment d'une douzaine de mètres, de pêche, encore plus délabré que le nôtre. Il danse à quelques mètres, ses deux feux tanguent, on distingue des silhouettes à son bord.

Un cliquetis. C'est la grue du cargo en manœuvre. Des matafs dépenaillés étalent un immense filet sur le pont.

Le borgne nous dit de nous asseoir en son centre. Quand c'est fait, ses hommes d'équipage relèvent les bords, qui sont munis de boucles, et embrochent celle-ci à l'aide d'un énorme crochet. Peu après la grue nous soulève et nous changeons de barlu, sans un mot d'adieu.

***

Quatre julots sur le bateau de pêche. Pas plus loquaces que ceux du cargo. Lorsque nous nous sommes dépêtrés du filet, le bras de la grue pivote et l'espèce de chalutier met le cap sur la côte.

Quatre heures plus tard, nous prenons pied sur la rive turque, dans un village endormi. Une vieille Mercedes d'un modèle inassurable se met en marche, dans l'ombre, et s'approche du petit môle. Au volant, un grand gaillard aux cheveux gris, en bras de chemise, fume un cigarillo. Il a une forte moustache d'un noir d'encre de Chine qui contraste avec sa tignasse poivre et sel. A notre approche, il se contente de passer sa main par-dessus son siège pour ouvrir l'une des portières. Nous nous installons dans la carriole.

Curieux, comme tout un chacun s'applique à nous aider sans se manifester, presque en nous faisant la gueule. J'ai l'impression qu'on les dérange, tous. Ils sont payés pour nous prêter main-forte, mais ils ne s'intéressent absolument pas à nous. Ils font les gestes indispensables en s'abstenant de parler. Parler, c'est une démarche personnelle. Eux ne s'engagent pas. Moins ils se manifesteront, plus ils resteront en dehors du problème.

La grosse voiture démarre et va chercher la route pour Istanbul.

*
**

Une colline d'où l'on jouit d'une vulve fabuleuse sur l'un des plus beaux panoramas du monde. Après Venise et avant Rio, il y a cela, ces deux mers réunies par un détroit, ces mosquées aux dômes magiques...

Notre conducteur nous fait signe de descendre.

Bon.

Il s'en va.

O.K.

Nous demeurons sous la voûte céleste constellée d'étoiles plus brillantes qu'ailleurs. Un banc de pierre. Comme personne ne se présente, on s'assoit. La nuit a d'étranges touffeurs, des exhalaisons de jasmin...

Nous matons, un peu ahuris par nos pérégrinations, le paysage fameux qui s'offre et semble se renouveler constamment, à chaque battement de nos cils, tant il est beau.

Du temps s'écoule. Natacha grelotte. M'est avis qu'il faudrait foutre quelques giclées d'antibiotique dans son gros cul. A son âge et avec sa corpulence, c'est mauvais, les refroidissements négligés.

Une voiture survient. A l'intérieur, j'aperçois un jeune couple. Elle passe sans ralentir. Quelque part, dans les arbustes agrippés au flanc de la colline, un oiseau nocturne lance une note mélanco.

Babouchka demande :

— Où sommes-nous ?

— Istanbul, réponds-je, qu'à quoi bon la chambrer en lui faisant accroire qu'il s'agit de Varna ou de Conflans-Sainte-Honorine ?

Elle a une exclamation.

— Mais c'est à l'Ouest, ça ?

— *Ja.*

— *Gut ! Gut !*

Tu parles : elle allait pas rater une occase de balancer son « *gut* ». Ça faisait un bout de temps qu'elle ne me le sortait plus.

Elle a un geste de petite fille pour me prendre la

main. Chère vieille Juliette écroulaga devant son téméraire Roméo!

Et c'est vrai, ça. J'ai enlevé la générale Glavoski. Je l'ai arrachée au bastion rouge! Pas tout seul, certes, la croisière avait été minutieusement organisée, mais enfin elle est là, à mon côté : heureuse. Malade, mais heureuse...

Une nouvelle auto gravit la route sinueuse. Ses phares balaient la nuit. Elle stoppe devant nous.

— Montez vite! intime une voix féminine.

Je ne me le fais pas dire. La tuture est une caisse amerloque.

— Couchez-vous dans le fond! continue la conductrice.

J'obtempère. Mon exemple indique à Babouchka ce qu'elle doit faire. Consentante à tout, elle s'accroupit près de moi.

Fouette, cochère!

Porte, cochère!

Il faut cocher la cochère.

Ou la coucher?

Ou l'accoucher?

Etc.

L'art de tromper le temps et d'oublier les mauvaises positions.

Un bruit de castagnettes. C'est mamie Glavoski qui claque des dents. Olé! Olé!

La conductrice drive net, sans bavures. On descend... On franchit un pont interminable. J'entends le « vzom! vzom! » de chaque balustre sur notre passage.

Et puis une route dégagée... Et puis une côte. Et puis on tourne. Et puis on stoppe. Et puis ça y est!

La conductrice quitte son siège et dépone à l'arrière. Je me dresse. Un coup au guignol en reconnaissant la fille de l'île du Big Between ! La fabuleuse ! Celle qui m'arrache l'aorte, qui me dégoupille les glandes, qui hante mes jours et mes nuits.

Je reste debout devant elle, ébloui, éperdu, émerveillé, étout-ce-que-tu-voudras ! Elle porte un ensemble de cuir noir, très moulant. C'est moi qui démoule, pour lors !

— Vous ! m'écrié-je, comme dans cette pièce de patronage que tu avais beaucoup aimée, où l'on voyait le marquis de Fumsaidube découvrant sa femme nue dans les bras d'un manchot.

Elle a une courte inclinaison de tête en guise de salut.

— Aidez-la à descendre et installez-la dans la maison !

Puis elle va fermer un portail de bois plein.

La maison est neuve, moderne, de dimensions plutôt raisonnables. Un serviteur extrêmement turc pour son âge, nous accueille et, sans un mot, afin de rester dans la ligne des participants à l'évasion de Mémère, nous conduit jusqu'à un appartement très gai et confortable, composé de deux chambres contiguës et d'une salle de bains.

Je conseille à ma conquête de se zoner. Plus elle dormira mieux nous nous porterons, elle et moi. En fait, je n'ai qu'une idée en tête et en culotte : rejoindre dard-dard l'époustouflante fille, objet de mes tourments.

Je la retrouve au salon où elle vient de se faire servir du café. Une seconde tasse vide posée sur la table basse me laisse espérer qu'elle m'attendait.

— Puis-je ? demandé-je en désignant le fauteuil faisant face au sien.

— Naturellement.

Le silence qui suit est mélodieux comme du Vivaldi. J'écoute l'hymne à l'amour qui s'élève de mon âme. Ce qu'elle joue bien, celle-là ! Je ne lui croyais pas un tel talent ! Je voudrais faire partager cette musique céleste à ma compagne. Mais son regard hermétique condamne tout épanchement. Je dois me rendre à l'évidence, si cruelle soit-elle : je ne suis pas son genre ! Oui, il faut convenir de la terrible réalité : avec cette créature d'exception, Sana, le séducteur, se ramasse comme un con. Il fait un bide, le Casanova des comptoirs ! On joue ceinture ! Son charme est inopérant. Ses langourances guère plus efficaces qu'un godemiché sur la statue de Diane. J'ai beau y aller de la prunelle, chiquer les Werther, Jocelyn, Roméo ! En voiture ! Il n'y a pas de correspondante au numéro que je sollicite.

— Jusqu'à présent, tout a parfaitement fonctionné, déclare-t-elle.

Je lève la main et fais claquer mes doigts, comme à la maternelle pour « pipi, m'dame ! ».

— Vous désirez ? s'interrompt-elle.

— Pour penser à vous, ce que je fais au moins vingt-cinq heures sur vingt-quatre, j'emploie des qualificatifs fantaisistes. Je vous nomme « la Sublime », « la Fabuleuse brune », « l'objet de mes rêves » et autres appellations du même style. Pourrais-je connaître votre prénom ? Même si vous m'en donnez un faux, il me permettra de structurer ma pensée, comprenez-vous ? Je ne puis demeurer plus longtemps dans le vague, fût-il vague à l'âme.

Elle ne réagit pas.

Elle laisse tomber brièvement :

— Je me prénomme Carson.

— Comme Carson Mac Cullers, la romancière !

— Carson, comme moi ! rectifie-t-elle.

Et, balayant la parenthèse d'un froncement de narines, elle reprend :

— A présent, reste la seconde partie de l'opération : les transactions avec le général Glavoski.

— C'est vraiment moi qui dois m'en charger ?

— Je vous l'ai moi-même précisé. Vous n'êtes plus d'accord ?

— Si, bien sûr, mais, réflexion faite, je trouve que c'est risqué.

— Pour vous ?

— Pour moi, évidemment, mais là n'est pas le problème du Big Between ; c'est risqué surtout pour la réussite du plan. Supposez qu'au lieu de traiter avec moi, le cocu de général me fasse embastiller et interroger par ses services... Vous n'ignorez pas que les Soviétiques ont un outillage extrêmement sophistiqué pour obtenir des confidences. Le sérum de vérité c'est de la grenadine pour leurs spécialistes. Je ne suis pas immunisé contre leurs produits-à-rendre-loquace. Je peux cracher le morceau.

— Il ne vous fera pas embastiller.

— Qui vous le prouve ?

— Vous allez vous rendre à Moscou muni d'un bouclier qui vous rendra invulnérable.

— Vraiment ? fais-je, encuriosé jusqu'à mes intestins les plus enfouis. Quel est ce bouclier, sublime Carson ?

— Le président de la République française.

Un instant de rien dégouline de notre présent pour permettre d'évacuer l'eau grasse de mon étonnement dans la sentine de ma compréhension, comme l'écrivait si justement Marguerite Duras dans son Ode à Jacques Chirac.

— Si vous développiez un peu plus ? suggéré-je.

— Votre président part après-demain en visite officielle pour Moscou ; il sera reçu au Kremlin en grande pompe. Le Politburo sera présent, y compris le général Glavoski. Vous ferez partie de la délégation qui escortera le chef de l'Etat français, avec un titre ronflant que j'ignore. Vous aurez alors toute latitude pour vous entretenir avec le général au cours de la réception. Glavoski parle anglais couramment, et même le français, je crois.

Je souris.

— Bien joué. Et par quel biais devrais-je l'entreprendre ?

— Carte blanche. Ce sera à vous de jouer.

Elle achève de déguster son café. Une pendulette de verre aux rouages apparents, balance quatre coups grêles depuis la desserte en bois verni noir.

— Vous devriez aller vous reposer, conseille Carson, car vous prenez l'avion de Paris tout à l'heure à midi.

— Et la vieille ?

— Je m'en charge ; elle sera évacuée en un autre lieu pour le cas où, contre toute attente, le « bouclier » ne remplirait pas son office et où vous seriez contraint de parler. Vous ne pourrez jamais dire ce que vous ignorez, n'est-ce pas ?

Elle a enfin un léger sourire et se lève.

— Carson, balbutiè-je. Pensez-vous que, si tout va bien, un jour… Je… Vous… Nous… ?

Elle secoue la tête.

— Non, dit-elle, je ne le pense pas.

Vraiment, c'est pas la fougue !

# FAIS-MOI GLIGLI

Tu verrais notre président, l'à quel point il en jette dans les immenses salons mordorés du Kremlin ! Il n'a pas mis ses Pataugas, mais de vraies chaussures de ville marron, assorties à son complet gris clair et à ses chaussettes vertes. Sa Légion d'honneur ressemble à une balle en plein cœur, qu'on s'attend à en voir goutter du sang. Très à son aise, sûr et dominateur, il remonte ses fanons au plus haut niveau en gardant la tête continuellement levée afin de causer à ses terlocuteurs qui, eux, sont de taille normale, voire élevée. Il bavasse comme quoi ceci cela, les droits de l'homme, les droits de douanes, le prix du caviar, les fusées Lenturlu.

Un mec à frime de pélican-lassé-d'un-long-voyage l'escorte pour l'interpréter vu que le pommier des Français ne cause que le français, le subjonctif et le latin de messe.

Ses hôtes lui répondent avec de grands bons sourires francs et massifs, cordiaux à en faire caca sur la moquette. Ils l'assurent de ceci cela et qu'en tout cas, concernant le reste : pas d'inquiétude, ils en toucheront un mot à leur épicière. Le président reste gravissimo. Important comme la rose dont il est l'emblème. Hochant sa tête romaine. « C'est cela, moui, avec beaucoup de parfaitement ; épluchez-moi les œufs durs, je vous prie ! Bousculez-moi pas trop le génie, c'est fragile ces petites choses. Et le bonjour aux Sakharov, pensez-vous que mes zœuvres complètes les amuseraient ? »

L'ambiance n'est pas lourde malgré tout. Un de la délégation française qui produit son petit effet, c'est le ministre de l'Intérieur, M. Alexandre-Benoît Bérurier.

Campé devant le buffet, il porte toast sur toast en exécutant des « cul sec » sans ostentation, non pas en s'aidant de la nuque façon Von Stroheim, mais en mobilisant simplement sa glotte. Il balance le verre de vodka dans sa soute à picole : tiaff ! Avale dans la foulée. Change son verre vide contre un plein, recommence.

Elle clame bien haut, l'Excellence :

— Je bois au Kremlin !

Tiaff !

— Je bois à Bicêtre !

Tiaff !

— Je bois au tzar !

Tiaff !

— Je bois au président Staline !

Tiaff !

— Je bois au maréchal Trotski !

Tiaff !

Ses homologues n'arrivent pas à le suivre. C'est de la frénésie. Kif le chaud lapin qui embroquait une alignée de lapines en disant à chaque troussée express : « Bonjour, madame ; au revoir, madame »... Et qui, parvenu au bout de la rangée, entraîné par sa furia, s'écria : « Bonjour, papa ; au revoir, papa ! »

Il torche tout azimut, le Gros. Vodka, champagne de Crimée dont les bouchons de plastique tombent d'eux-mêmes dès qu'on a ôté l'armature métallique.

Ma pomme, ça fait déjà un bout que j'ai retapissé le général Glavoski. Comme il est en grande converse avec le général Hougredoc, de la maison militaire du président français, je dois patienter. Enfin, les généraux Chaliapaf et Kidordine venant de se joindre à eux, je me risque.

Glavoski est un grand diable, légèrement voûté, sanglé dans un uniforme boutonné sur l'épaule. Il a la mâchoire carrée, les pommettes carrées, et ressemble ainsi à un portrait de Fernand Léger. Ses arcanes souricières (Béru dixit) très proéminentes, lui donnent l'aspect d'un primate (des Gaules). Son regard, de ce fait enfoncé, est rond (boutons de bottines), chenilleux, implacable.

Je note que cet homme éminent a la lèvre barrée d'un pli amer, comme il est dit dans les beaux livres chiadés poncifs. Voyez clichés ! Clic, clac, merci, Kodak !

Profitant de ce que notre général Hougredoc salue ses homologues soviétiques, je m'adresse à Glavoski :

— Me serait-il permis, général, de vous entretenir un instant ?

J'ai virgulé ma question en français. Carson ne s'est pas trompée, l'amour (aux yeux pleins de bulles ambrées), en suggérant qu'il devait manier notre dialecte, car aussitôt, l'homme du Politburlingue opine et se détache du groupe pour me faire face.

— Je vous écoute, monsieur ? articule-t-il avec cet accent rude et chantant des Russes.

— Allons à l'écart, si vous le voulez bien.

Il me consent trois mètres vingt-cinq en direction d'une embrasure de fenêtre.

— Général, je m'occupe, en France, d'une certaine section des Renseignements généraux.

Pas commode de lui déballer le bouquet ; j'aurais meilleur compte de me le foutre dans le prose et de le lui offrir en faisant l'arbre fourchu ! Un malcommode comme Glavoski, lui faire le coup des Maîtres Chanteurs de Nuremberg, faut oser.

Ses petits yeux me déstructurent de bas en haut. V'là ma pauv' glotte qui me l'effet d'une épingle de nourrice ouverte dans mon gosier.

Il attend la suite, prêt à poireauter des heures si nécessaire.

— Mes Services sont au courant d'un pénible incident qui serait survenu à madame votre épouse.

Déjà je lui trouvais pas bonne mine, Glavoski. Pour lors, il tourne ivoire. Ivoire ancien, tu sais, la défense d'éléphant dans laquelle on a ciselé toute une caravane chinoise en route pour le Kibestan oriental ?

Il est bien sûr au courant du rapt de sa mégère, Glavo, et il doit se respirer les nuits blanches de Saint-Pétersbourg. N'a pas dormi depuis quarante-huit plombes, c'est écrit sur ses paupières crapauteuses. Pourtant, il ne moufte pas.

— Je pense, général, que tout pourrait rentrer dans l'ordre sans causer de remous dans la politique internationale ; voulez-vous que nous en discutions en toute tranquillité ?

Il continue de me coucher en joue avec ses yeux de gorille. Mais sa physionomie demeure impénétrable.

Je fais un effort pour avaler l'épingle de sûreté qui me chicane le corgnolon : imposssible !

On continue de rester face à face, nos regards enchevêtrés.

Et puis, sans avoir dit une broque, il m'adresse un bref salut de la tête et va rejoindre les autres généraux. Il me tourne ostensiblement le dos. Je considère un instant sa stature, sa nuque rasée de près. Il a les mains au dos, façon duc de Windsor passant en revue la garde écossaise derrière les miches à bobonne. Ses doigts ne remuent pas. Aucune marque de nervosité ! J'en reste pantois !

Une main épaisse et lourde comme un quart de bœuf s'abat sur mon épaule.

— Eh ben, mon cher, j'croilliais qu'vous vinsseriez porter quèques toastes à nos aminches russkis ! déclare le ministre de l'Intérieur, vachement bourré à la clé. Leur champagne vaut pas un coup d'cid' ; par cont' leur volga est impec. Entièr'ment à nonante degrés. Ce dont y a d'agréab' avec eux, c'est qu'y chipotent pas. Ça travaille dans le cul sec, y z'ont la dalle en pente ! Et moi, j'pars du princip' qu'un gonze qu'écluse il a bon fond. Viens m'aider à trouver les gogues : faut qu'je r'mett' le compteur à zéro ; ensuite, on f'ra honneur à messieurs les camarades !

***

Banquet.
Allocutions.

La France ! La Russie !

La Russie ! La France !

« N'oublions pas, pérore le président, les paroles que prononçait Joseph Reinach en 1893 : De France à Russie, il n'y a pas autre chose que cette grande chose qu'on appelle l'amour. »

Applaudissements. Tous les camarades branlent le chef (le leur, pas celui de l'Etat). Le côté : cause toujours, mais c'est beau !

Je cherche du regard le général. Il balance des beignes, comme tout un chacun. La gueule plus boutonnée que son uniforme ! M'est avis que je vais me planter mochement en fin de parcours et que le Big Between va faire ballon avec sa Partition Thanatos !

Le banquet bat son plein. Des interprètes sont disposés en quinconce entre deux convives. Je suis assis entre deux officiels soviétiques dont je n'ai pas très bien compris les fonctions. Ils me posent, via l'interprète, des chiées de questions sur la France, son plan septennal, ses conserveries de caviar de la Gironde et tout ça...

La fille qui traduit a une voix feutrée, impersonnelle, pour annoncer les mouvements d'avions dans un aéroport. Elle est vêtue d'un tailleur gris à coupe soldatesque, coiffée tiré avec une bite de cheval, pardon : avec une queue de cheval maintenue par un élastique. Son nez est chaussé de grosses lunettes dont les verres épais transforment ses yeux en sulfures.

A la fin du repas, au moment où tout le monde se lève, elle me chuchote :

— Si vous voulez bien me suivre, quelqu'un aimerait vous entretenir en particulier.

Une inondation de bonheur ! Ça me ruisselle jusque

dans les chaussettes, qu'allons bon, je vais m'enrhumer car je crains les pieds mouillés.

Elle profite de l'effervescence pour m'entraîner jusqu'à une porte discrète d'en haut de laquelle est écrit en caractères acryliques « Issue interdite ».

La lourde donne sur un couloir en boiseries sombres. Au bout, un escalier de pierre. On le gravit. Un palier désert où prennent des portes à double battants. La môme besicles en ouvre une et donne la lumière. Nous sommes dans un vaste salon désert, aux sièges lourds et dorés, style Grande Catherine. Recouverts de velours grenat, turellement. Les parquets de marqueterie feraient mouiller les gens qui aiment les parquets marquetés, et les tableaux de batailles accrochés aux murs feraient bander ceux qui aiment les scènes de guerre.

— Asseyez-vous ! me propose la camarade interprète.

J'opte pour un siège grand comme la scène du Metropolitan Opera ; me contente de son extrémité et patiente.

Pas longtemps.

Je m'attendais à la venue du général Glavoski. Espoir fou, espoir vain. C'est deux mecs qui entrent.

Deux hommes plutôt jeunes, portant des complets de confection, neufs, mais de confection Est.

La fille se barre discrètement. Les deux types traînent une banquette face à mon fauteuil et s'installent côte à côte.

Je note alors que l'un des arrivants tient sous le bras un coffret plat recouvert de toile noire qui fait songer à une grande boîte à compas.

C'est curieux : on dirait des frères. Parole : ils se

ressemblent au point d'avoir la même fossette au menton et le même nez plantureux.

— Alors ? attaqué-je d'un ton faussement guilleret.

L'un des hommes parle sans presque ouvrir la bouche, à croire qu'il a la mâchoire paralysée. Il s'exprime en français.

— Vous êtes le commissaire San-Antonio, annonce-t-il tout bas ; vous travaillez pour le compte du B.B. et vous avez enlevé la femme du camarade Glavoski.

Bath préambule, non ? Qui c'est'y qui l'a dans le fignedé ? C'est le petit Sana ! Il se prenait pour Superman, il n'est que supernave !

Voire !

Pour être franc, les « moniteurs sadiques » du Big Between ont transformé quelque chose en moi. Quelque chose d'essentiel. M'ont rendu plus réaliste, ces chéris. Plus fulgurant dans mes déterminations. Avant de me frotter à eux, ma tactique était basée sur la démerde. Lorsque je me trouvais plongé dans une fosse à embrouilles, je m'arrangeais pour m'en arracher. Maintenant, mon optique est totalement différente. Elle consiste à éviter d'y tomber. Pour cela une promptitude de raisonnement est nécessaire. L'instinct doit alors décider en un éclair. Je te prends le cas présent et te le décompose.

Je suis dans un salon retiré du Kremlin, face à deux types pas catholiques qui m'annoncent d'emblée que je suis démasqué. Ces deux hommes ont une mission précise : me faire dire où se trouve la mère Glavoski. Ensuite, ils « m'arriveront un accident ». J'aurai une crise cardiaque ou un truc de ce genre. Ils présenteront leurs « biens sincères condoléances » à mon président, et *bye-bye,* San-Antonio ! La page sera tournée.

Le temps de frotter une allouf, je me raconte tout cela. La boîte noire, qu'un de mes vis-à-vis garde sous son bras, est lourde de menaces. Je m'attends à tout, très vite. Alors, pas d'histoire, mon Tonio : agis le premier.

Ce que j'opère. Avant mon stage dans « l'île », je ne savais pas le faire. A présent, regarde.

Hop ! Je me jette sur le dos, mes mains bien cramponnées aux accoudoirs du fauteuil. Je place mes jambes en « V » majuscule chacun de mes souliers se trouvant à l'extérieur de chacune des deux têtes me faisant face. Je resserre violemment mes cannes. Les deux tronches se trouvent brutalement réunies. Ça produit un choc très violent.

Ce que je te bonnis là va encore plus vite que les pensées ayant précédé. Le temps de compter jusqu'à 1 et c'est fini. Mes tagonistes sont estourbis. Deuxième opération : je ramène mes genoux à mon ventre et propulse mes pinceaux dans les deux poitrines. Les deux gars tombent de leur foutue banquette. Exercice *number three :* j'exécute un rétablissement après avoir confirmé ma prise d'appui sur les accoudoirs et me retrouve en position verticale avec mes souliers posés bien à plat sur les deux ventres des assommés. Ça les vide de leur air.

Pour dire d'emporter un souvenir, j'empare la boîte et gagne la sortie. Dans le couloir, il y a la môme interprète aux lunettes grosses comme des cloches à fromage. Elle est accoudée à la rambarde de l'escalier et attend. Quand elle me voit, elle a un léger sursaut, lequel me confirme que j'ai vu juste et que les deux mecs nourrissaient contre moi de funestes projets.

— Ces messieurs ont besoin de vous, lui dis-je.

Elle n'en croit rien, bien sûr, mais comme je viens d'ouvrir la boîte noire, elle n'insiste pas.

Entre au salon.

Regarde la scène touchante des deux chérubins inanimés et qui n'ont plus d'âme pour l'instant, alors que le premier objet, hein ? Bon.

Dans le coffret, je trouve une autre boîte noire de la dimension d'un étui-réclame de cinq cigarettes, comme on t'en distribue lors des promotions sur les plages ou à la sortie des cinoches. Je l'examine. Ses parois sont contractables. Une première pression fait sortir une aiguille infiniment fine de l'appareil. Une seconde propulse une ou deux gouttes d'un liquide brun. Une troisième fait rentrer l'aiguille.

— Vous connaissez, ce gadget ? demandé-je à l'interprète.

Elle est belle joueuse. Pas d'atermoiements, de salades plus ou moins frisées, de berlues pas fraîches.

— C'est un déconnecteur de volonté.

— J'imaginais une chose de ce genre, lui assuré-je. Et parce que je l'imaginais, comme vous pouvez le constater, j'ai pris les devants.

Là-dessus, je lui aligne une manchette spéciale Big Between. Au milieu des reins. La vilaine mademoiselle s'écroule sans insister.

Satisfait, j'abandonne le trio pour redescendre dans les appartements d'apparat.

***

Son Excellence Alexandre-Benoît Bérurier pérore au milieu d'un groupe de diplomates internationaux. Elle raconte des histoires belges, Son Excellence. Elle est équipée d'un interprète mâle, du genre étudiant à lunettes, échappé d'un roman de Dostoïevski.

Elle dit, Son Excellence :

— V'savez-t-il-t'il pourquoi tous les coiffeurs belges viennent de débarquer en France ?

Un temps, il parcourt l'assistance de son regard radieux, couleur de rubis.

— C'est parce qu'ils ont appris que la France va bientôt friser les trois millions de chômeurs !

Il rit le premier. L'interprète mélancolique traduit, sans joie. Quelques sourires polis saluent la blague.

Alors, Son Excellence passe la vitesse supérieure.

— J'vas vous en raconter un' aut'. C't'un Belgium qui rent' chez lui à son domicile. Y tient une affreuse merde dégoulinante à la main, et y dit à sa bonne femme : « Regarde un peu dans quoi j'ai failli marcher ! »

Cette fois, il se ramasse vilain, l'artiste. Personne ne sourit ; soit que l'interprète ait mal traduit, soit que l'aspect scatologique de l'historiette ne séduise pas le corps diplomatique.

L'Excellence se vesque.

— J'voudrais pas vous chicaner, gentelmants, mais vous aut', l'sens d'l'humour, connais pas, hein ?

Elle hausse ses puissantes épaules.

— Tiens, vous m'courez su' la prostate, tous ! J'vas aller réclamer un rabe d'Volga au poiv'...

M'apercevant, le ministre déclare :

— Y sont cons comme des balais et m'foutent la gerbe. Faut qu'j'trouv' un embrasement d'fenêt' pour y aller d'une p'tite fusée discrète. C'est leur borche qui m'fait beurg...

Je l'abandonne à ses problèmes de trop-plein, lesquels me paraissent en bonne voie de solution et pars à la recherche du général Glavoski. Ma détermination est hallucinante. Jamais dans ma garce de carrière, je ne me suis senti à ce point implacable.

Le cocu en uniforme s'entretient avec l'ambassadeur de France, à deux pas du président, lequel, érudit comme un fou, disserte sur l'influence de Gogol dans la pharmacopée ; comme quoi, le Goménol, par exemple, tire son appellation du patronyme de l'auteur des *Ames mortes*.

Ma pomme, tu sais quoi ?

J'assure l'appareil en main, tu sais, le petit déconnecteur de volonté.

En presse le flanc.

L'aiguille jaillit.

Paré. Je vais me placer derrière le général Glavoski. Et « tchac » ! Dans les miches.

J'agis si vite que l'intéressé n'a pas le temps d'éprouver une douleur. Et puis l'aiguille est si fine ! En outre, le cul n'est pas le siège de la souffrance ! Quel est le dégueulasse qui vient de crier « Bien au contraire ? ». C'est malin !

Il se retourne cependant, m'avise et marque la même surprise que l'interprète quand je suis sorti du salon.

— Tout va bien, général, lui dis-je avec un radieux sourire comme sur la pub pour la constipation, montrant le visage reconnaissant du mec retour des gogues (mot également dérivé de Gogol).

Il a un léger flottement. Puis son visage se détend. Il oublie l'ambassadeur de France resté en carafe. Le diplomate devient voltigeur comme on dit à la régie des tabacs, et vexé, se casse en direction du Secrétaire général du Parti pour lui demander la date des élections libres et si le Front National soviétique l'inquiète, tout ça...

Une transformation s'opère, à vue d'œil, dans la personne de Glavoski. Il perd sa morgue hautaine, son œil en double poinçon. Sa frite s'humanise enfin.

— Alors, vous allez me rendre ma Natacha ? il bredouille.

— Je suis venu pour ça, Glavo, le rassuré-je.

— N'est-ce pas qu'elle est merveilleuse ?

— Plus encore : fabuleuse. Elle vous adore.

— Vraiment ?

— Comme si vous ne le saviez pas.

Il me prend le bras et soupire :

— Vous êtes gentil. Qu'est-ce que je peux faire pour vous ?

— Trois fois rien, simplement me remettre la Partition Thanatos.

Et voilà. Comme ça, peinardos, en plein Kremlin. Au milieu de tous les dignitaires du pays.

Le général réfléchit.

— Demain, dit-il, promis.

— Non, mon cher : tout de suite. Vous devez faire ça pour Natacha, par amour pour elle.

Nouveau temps de réflexion de mon terlocuteur.

— Ça ne va pas être facile.

— Pourquoi ?

— La cassette se trouve dans le coffre Illovitch de la chambre forte ; je ne peux, tout seul, en demander l'ouverture. Nous devons être au moins trois membres du Politburo.

— Qui surveille la chambre forte ?

— Une garde spéciale d'élite.

— Combien d'éléments ?

— Six hommes en permanence.

— L'ouverture du coffre ?

— Un spécialiste qui obtient la combinaison en se mettant en liaison avec le centre de surveillance ; cette combinaison change automatiquement toutes les heures et le décodeur ne fonctionne que si trois membres du Politburo apposent leurs empreintes digitales sur une touche magnétique.

Tu sais ce que c'est quand tu te sens brusquement assailli par la grippe ? La tête lourde, la gorge cuisante, des frissons dans les membres et la fièvre qui monte le thermostat d'ambiance de ta foutue carcasse. Eh bien, je ressens un truc de ce genre en ce moment. Comment pourrai-je accéder à ce foutu coffiot ? Si près du but, la couille ! Merde ! Merde ! Meeeeerde !

— Demain, je...

Oh ! sa gueule à ce grand cornard ! Demain, il aura probablement récupéré. Demain sera un autre jour.

— Il y a d'autres membres du Politburo dans cette pièce, je suppose ?

— Naturellement.

— Au moins deux ?

Glavoski parcourt l'immense salon du regard.

— Beaucoup plus.

— Désignez-m'en deux !

Il obtempère, docile comme un chien d'aveugle, tout doux, presque tendre... Dis-moi, il dure combien de temps l'effet du neutraliseur ?

— Ce petit homme chauve, assez gros, là-bas, sous le tableau représentant le passage de la Berezina par cette ordure de Napoléon.

— D'accord ; et un autre encore ?

— Le vieillard qui a un début de Parkinson et qui s'appuie sur une canne noire.

— Admirable, venez !

T'as déjà pigé que je réutilise le déconnecteur de volonté. A la sauvette. Je bouscule très légèrement les deux bonshommes indiqués.

— Oh ! pardon ! je fais.

Ils répondent que « Ce n'est rien », dans leur patois originel.

Tu parles !

Combien le petit injecteur contient-il de doses, selon toi ? T'en sais fichtre rien ? J'aurais dû m'en gaffer, t'es incapable de me filer la moindre indication et je dois toujours faire tout seul.

Me reste qu'à espérer qu'il est chargé pour plusieurs clients.

— Demandez-leur de vous escorter au coffre, camarade général. Insistez. Tout doit être réglé dans l'heure qui vient.

J'attends la fin des pourparlers. Non loin, Son Excellence bérurière accroche une quantité de wagons. Elle carcasse, tousse, gerbe, fusc, aboie, feule, blatère, glapit, cancane. C'est un zoo à soi seul, le Gros !

Ministre, pas ministre, simple inspecteur ou ramasseur de mégots, il restera jusqu'au bout pareil à lui-même : superbe, ardent, flamboyant. Ses yeux pendent sur ses joues. Il les replace dans leurs orbites du dos de la main, comme une mégère courroucée remet ses nichons en cage après une algarade.

Ah ! elle ne passe pas inaperçue, l'Excellence.

Glavoski revient à moi, flanqué de ses deux homologues.

— Mes collègues acceptent de m'accompagner. Venez !

⁂

Dédale...

On sort.

Pénètre dans un autre bâtiment situé au fond et à gauche.

Messieurs les camarades se font déponner les lourdes les plus musclées. Le vieux kroum qui sucre marche le plus rapidement possible, comme s'il se sauvait de l'hôpital gériatrique, piquetant le sol de sa canne avec la régularité d'un hallebardier.

Glavoski est un personnage beaucoup craint, cela se voit à l'empressement qu'on met à obéir à ses ordres.

On se pointe dans le saint des saints, jusqu'au maître-autel, en l'occurrence la salle des coffres. Six hommes en uniformes noirs sont assis dans un sas fortement grillagé, mitraillettes en pognes.

Ça devient critique. Glavoski parlemente. Ses deux potes approuvent. On leur fait signer des documents. Puis on leur ouvre. Ma pomme, je dois attendre devant la grille.

A travers les énormes barreaux (ou plutôt à travers leur espacement, car ils ne sont pas transparents), j'assiste à la suite de l'opération.

Dans la salle des coffres, y a des coffres. Et puis un homme en combinaison rouge.

Ça continue de jacter. Nouvelles fiches signées des trois personnages. L'homme en rouge manipule des cadrans très compliqués me paraît-il, mais je suis à bonne distance, et peut-être ne le sont-ils pas si tellement ?

La progression continue.

Les quatre mecs arrivent devant un coffre si rébarbatif qu'aucun casseur jamais n'oserait lui adresser la parole ni lui faire l'insulte du chalumeau.

Fiche magnétique. Messieurs les membres du Politburo appliquent leur pouce droit sur une surface bleutée.

Le gonzier en combinaison ouvre l'énorme porte et s'empare d'un paquet placé sous scellées. Le général s'en empare.

Un proccssus inverse, celui du retour, s'opère alors.

Je ne sens plus battre mon cœur, tellement il est en hibernation, le pauvre. Je l'aurai mis à rude épreuve !

Mes trois compagnons me rejoignent enfin.

On se retire.

La cour... Des dômes brillent au clair de lune. On perçoit le brouhaha de la monstre réception. Sainte Russie ! Chère Russie ! Une bise aigre rôde dans le Kremlin. Des gardes gardent en arpentant leur part de bitume au pas de parade qui évoque le pas de l'oie des nazis.

— Général, fais-je au cornard, nous allons prendre congé de ces deux messieurs ; remerciez-les de leur obligeance et accompagnez-moi jusqu'à l'ambassade de France. Vous devez bien connaître une sortie discrète ?

Il consent, toujours en pleine docilité. Ce gadget, tu parles d'un élixir de tranquillité ! Faut que je le ramène à la maison, je le prendrai avec moi lorsque j'irai demander un abattement d'impôts à mon contrôleur.

Et ça se passe bien.

On salue les deux camarades, Glavoski m'entraîne vers une poterne gardée par deux sentinelles. Ces dernières le reconnaissent et lui présentent les armes.

Ouf ! Nous voici dehors...

Des espaces immenses dans la nuit. Tout est désert. Des étoiles brillent au ciel et, crois-moi ou va te faire décaper le fondement chez les Hellènes, mais ce sont les mêmes qu'à Saint-Cloud ; ce qui te prouve bien qu'on est peu de chose, n'est-ce pas ?

Aussitôt, je me convoque pour une conférence au sommet. Dans ma hâte de vider les lieux, je n'ai pas pensé à un mode de locomotion. On ne va pas se baguenauder bras dessus, bras dessous, à onze plombes du soir dans Moscou, le camarade général et moi, si ?

Comme répondant à ma question, une voiture surgit. Une grande tire noire CD (corps diplomatique). Elle ralentit et stoppe devant nous. Pavillon britannique. La portière arrière s'entrouvre. La lumière du plafonnier me permet de reconnaître Duck, assis dans la Bentley ancien modèle, un bras négligemment passé dans l'accoudoir.

Avec lui, il ne faut jamais s'étonner de rien.

— Vous passiez? ricané-je.

— Non, répond-il, je venais vous chercher.

Je vais pour m'étonner, lui demander comment il a pu savoir que je me trouvais là à cet instant. Mais je sais qu'avec le B.B. il ne faut en aucun cas être surpris. Duck sait tout de mon comportement. Va savoir si, dans l'île, ils ne m'ont pas foutu dans l'estomac ou ailleurs quelque émetteur de leur invention capable de les renseigner sur tout ce que je fais, voire sur tout ce que je dis.

— Le général nous accompagne?

— Pas nécessairement, il manquerait à la soirée officielle. Qu'il vous remette son petit paquet; demain, son épouse regagnera le domicile conjugal.

Glavoski me tend spontanément la chose scellée.

— Je peux compter sur vous? me dit-il.

Pas le temps de donner ma parole. D'ailleurs à quoi bon? Comme je n'en ai qu'une, je suis toujours obligé de la reprendre. Non, je n'ai pas le temps car voilà que quatre bagnoles débouchent en trombe, qui freinent à mort et cernent la Bentley.

— Fâcheux, soupire Duck. L'alerte aura été vite donnée.

C'est tout.

Ça se met à grouiller autour de nous. On nous déménage de la tire diplomatique, bien que nous nous trouvions en territoire étranger. Des policiers en uniforme, d'autres en civil, mais qui paraissent plus en uniforme que les premiers!

On nous embarque avec le général dans les autres chignoles. Le chauffeur anglais est de la partie aussi. Flegmatique.

Brève randonnée.

Tout le monde descend. On gravit les quatre marches d'un perron. On nous pousse sans ménagements par des couloirs administratifs.

Ça ressemble à un film style « 1984 ». Tout est gris, froid, hostile. Personne ne parle. Il n'y a que des bruits et ils sont lugubres comme la plainte du vent dans le château de Dracula.

Nous voilà fait aux pattes.

Aux Karpates !

Je lorgne mes deux compères : Duck et Glavoski. Le premier semble assister aux courses d'Ascot, le second retrouve son visage géométrique et dur.

On nous introduit, pour finir le périple, dans un vaste bureau qui ressemble un peu à un tribunal car il comporte une longue table derrière laquelle ont pris place côte à côte trois personnages.

Deux autres petits bureaux métalliques, de part et d'autre, avec un homme à celui de gauche et une femme en uniforme à celui de droite. Des chaises pliantes, en plexiglas, sont disposées face à l'aréopage. On nous fait asseoir. Le reste de la troupe demeure debout devant les issues.

Le paquet que m'a remis le général m'a été arraché des mains au commencement de l'opération. Un flic en tenue le dépose devant le « président » du tribunal.

Celui-ci prend un poignard servant de coupe-papier et découpe l'emballage de grosse toile. Il extrait une cassette du sac éventré.

Il tourne celle-ci dans ses mains. Pose une question à Glavoski.

Ce dernier ne répond pas.

Le « président » s'abstient d'insister et balance un ordre à la ronde. La femme ouvre un tiroir et y prend un petit cassettophone qu'elle apporte au président. Lequel lui présente la cassette.

A cet instant, Duck murmure, sans se tourner vers moi :

— Je viens de glisser deux boules Quiès dans votre poche gauche, dépêchez-vous de vous les enfoncer dans les oreilles !

Diable d'homme ! Génial démon ! Esprit satanique !

Comment a-t-il pu me filer ces boules dans la vague, à la vulve et à la suce de tout le monde (comme dit Béru). Sans que je m'en rende compte moi-même.

Je glisse ma main dans ma vague, négligemment. Le contact gélatineux des boulettes... Je les cueille. Un temps... M'en farcis une portugaise. Merci... Puis l'autre. *Thank you.*

La femme en uniforme a achevé de charger l'appareil. Elle l'enclenche.

Je mate le général. Il se tient bien droit sur sa chaise. Livide.

Les camarades du « tribunal » ont pris des attitudes attentives : menton dans la main, ou bien bras croisés, tête inclinée, air aiguisé...

Ça se met à mouliner. Je me suis si tant tellement farci les coquilles que je ne discerne pas la moindre broque.

Tout le monde écoute.

Mais !

Mais ! Mais !

Mais ! Mais ! Mais !

Mais ! Mais ! Mais ! Mais !

Que se passe-t-il (ou -t-elle) ?

In-cro-yable !

Voilà l'assemblée qui semble frappée de torpeur.

Chacun des assistants paraît avoir du mal à respirer. Je te jure que je ne plaisante pas ! Ils halètent tous : les « juges », le général, le chauffeur britannique, les policiers. Ils ouvrent grandes leurs gueules, comme s'ils étouffaient. Les plus costauds se compriment la poitrine. Et puis les voilà qui perdent totalement conscience et qui s'écroulent. En quelques minutes, trois ou quatre pas davantage, tout le monde est *out,* écroulé, anéanti.

Alors Duck se lève et va ramasser le cassettophone sur le bureau de la secrétaire. Il me fait signe qu'on doit se tailler.

Avant de sortir de la salle, il passe l'appareil à l'extérieur, attend un instant et sort.

Les poulets demeurés dans les couloirs se tordent à qui mieux mieux...

On poursuit notre évacuation, sans se presser. Il brandit le cassettophone comme un auto-stoppeur la pancarte indiquant sa destination de rêve.

Dehors, il y a un début d'intervention. Des gars se jettent sur nous, mais en moins de temps qu'il n'en faut à un battu électoral pour déclarer qu'il a gagné, ces inverventionnistes vont à dame.

Notre bagnole est encore là. Duck prend place au volant, mézigue à son côté.

Décarrade.

Tout en conduisant, il stoppe l'appareil, l'ouvre et récupère la cassette qu'il glisse dans sa poche.

Il arrache ses boules Quiès devenues inutiles. J'en fais autant.

— Ouf ! soupire-t-il.

Il drive à l'énergie.

— Sacré gadget, fais-je. Quelqu'un a donc inventé des sons possédant une valeur soporifique ?

— *Mieux que ça,* répond Duck ; des sons qui détruisent les cellules du cerveau en deux cents secondes.

— Voulez-vous dire que tous ces gens... ?

— Ils sont morts, oui.

— Et le général Glavoski n'a rien dit ?

— Il était devenu un traître et on ne plaisante pas ici avec ce genre de plaisanterie. Il a préféré en finir en beauté.

Duck soupire :

— Je suis navré pour mon chauffeur, je n'avais que quatre boules Quiès à ma disposition.

— Merci de m'avoir donné la préférence.

Il sourit.

— A tout seigneur tout honneur. Je crois que vous êtes bien l'homme que nous cherchions, commissaire. Bravo pour la manière dont vous vous êtes acquitté de cette mission.

— Hum, je vous dois beaucoup.

— Un jour viendra où vous ne me devrez plus rien. Où vous serez devenu mon égal.

Un silence total, puisque nous roulons en Bentley.

— Vous pensez que nous avons une chance de nous en tirer ?

— Evidemment, c'est la pleine pagaille au K.G.B., le temps qu'ils commencent à déblayer le terrain nous serons loin.

— Où allons-nous ?

— A l'aéroport, un vol spécial nous attend. Toutes les formalités sont faites.

Je vous le disais : marner pour le Big Between, c'est du gâteau à la crème Chantilly !

Mais je me demande si je vais continuer longtemps, car l'ennui, avec la Chantilly, c'est qu'elle vous flanque rapidement mal au cœur.

## FAIS-MOI LA FIN

Le jet troue la nuit.

Duck s'est endormi aussitôt qu'assis. Un sommeil étrange de héros. Nonchalant. Serein. Pas grotesque pour un kopeck.

Sommeil de gentleman.

Sommeil de très grand.

Tu sais que je l'admire tellement, cet homme, que je commence franchement à l'aimer ?

Comme s'il prenait conscience de mon attendrissement, il ouvre les yeux et me sourit.

Puis jette un œil à sa montre.

— Nous devons survoler l'Allemagne fédérale maintenant ; c'est parfait !

— Je ne vous ai pas demandé notre itinéraire puisqu'on ne pose pas de question au B.B..

— Vous avez bien fait.

Il polit ses ongles sur son revers de smoking.

— Amsterdam, lâche-t-il au bout d'un instant.

— Merci.

Il adresse un geste à l'unique steward du jet.

— Deux coupes de champagne et un cigare ! demande Duck. (Puis il murmure :) Pas de question, c'est quand on débute. Maintenant que vous devenez sociétaire, vous avez le droit d'en poser.

— Combien ?

— Si elles sont intéressantes, deux.

— Parfait, alors voici la première : miss Carson, c'est votre fille, n'est-ce pas ?

Il a un petit temps mort.

— Pourquoi ?

— Elle a la même légère tache brune que vous, sous l'oreille droite, la même indomptable énergie.

Duck prend une coupe sur le plateau qu'on nous présente et me la passe. Puis il rafle la seconde pour lui.

— Allumez-moi le cigare ! ordonne-t-il au steward.

Il boit une gorgée.

— En effet, c'est ma fille, répond-il enfin. Elle est très réussie, n'est-ce pas ?

— Trop, soupiré-je ; un être aussi fabuleux, c'est anormal, monsieur Duck, ça détruit le mâle en lui flanquant des complexes.

Je bois à mon tour. C'est *gut gut,* dirait la mère Glavoski. Pardon : la veuve Glavoski ! Frappé à point et ça picote merveilleusement la langue.

— Votre deuxième question ?

Je me jette à l'eau :

— Quelque chose d'impondérable m'affirme que le Big Between c'est vous, vous tout seul, mister Duck. Les autres ne sont que des figurants chargés de détourner l'attention.

Il reste de marbre cette fois.

Le steward lui présente son cigare, le bout incandescent tourné vers le haut. Duck s'en empare, le glisse entre ses lèvres, l'y fait tourner lentement pour humecter la cape, bien l'assurer en bouche.

— Ceci n'est pas une question, mais une simple hypothèse, commissaire. Je n'ai pas à répondre à une hypothèse.

Il exhale voluptueusement sa première goulée avant de conclure :

— Mais vous êtes vraiment l'homme qu'il NOUS faut.

FIN

PUBLICATION MENSUELLE

— N° d'impression : 1386. —
Dépôt légal : septembre 1985.
*Imprimé en France*

*Achevé d'imprimer le 21 juin 1985*
*sur les presses de l'Imprimerie Bussière*
*à Saint-Amand (Cher)*